GUTE ZEITEN SCHLECHTE ZEITEN

DAS KOCHBUCH

GUTE ZEITEN SCHLECHTE ZEITEN

DAS KOCHBUCH

ESSEN wie im MAUERWERK

riva

INHALT

Willkommen im »Mauerwerk«

DAS »MAUERWERK«– DIE ZENTRALE LOCATION BEI *GUTE ZEITEN, SCHLECHTE ZEITEN*

Was wäre das *GZSZ*-Leben ohne das »Mauerwerk«? Nach dem großen Silvesterbrand 2017/18 mussten die Kiez-Bewohner am eigenen Leib erfahren, wie sich der Alltag ohne das beliebte Club-Restaurant in Berlin Mitte gestaltet. Das »Mauerwerk« blieb wegen der Instandsetzung mehrere Monate lang geschlossen, und die Besucher mussten auf andere Treffpunkte ausweichen, zum Beispiel auf das Vereinsheim. Auch wenn es hier heimelig-gemütlich ist, fehlte das besondere Flair vom »Mauerwerk«.

Das »Mauerwerk« – das fiktive Serien-Club-Restaurant – ist fester Bestandteil der Stories bei *Gute Zeiten, schlechte Zeiten*. Es ist schon seit vielen Jahren der zentrale Treffpunkt im Kiez, und die *GZSZ*-Charaktere gehen hier ein und aus. Hier wird gefeiert, gestritten, diskutiert, getanzt, es werden Intrigen geschmiedet, es passieren Unfälle und Katastrophen, man verliebt sich, heiratet und trennt sich wieder, und sogar ein Kind wäre um ein Haar hier auf die Welt gekommen. Hier treten internationale Music-Acts und Top-DJs auf. Kurzum, das »Mauerwerk« ist ein wichtiger Schauplatz für die großen Geschichten der Serie: Liebe, Drama, Freundschaft und Crime.

Das »Mauerwerk« gibt es schon seit dem Jahr 2008 – Leon Moreno hat den Laden in einem Boxkampf gegen den vorherigen Besitzer Ronny »The Hell« Heller gewonnen –, und die improvisierte Siegesparty nach dem Kampf war gleichzeitig auch der Startschuss fürs »Mauerwerk«. Bei der offiziellen Eröffnungsfeier ging dann erst einmal einiges schief, denn die Schanklizenz fehlte, und die große Party war in Gefahr. Doch zum Glück sprangen Freunde von Leon ein, das »Mauerwerk« konnte eröffnen, und der Grundstein für eine lange Geschichte mit vielen Höhen und Tiefen war gelegt. Zu seinem Namen kam das Restaurant ganz einfach durch die charakteristischen unverputzten Wände, bloßes »Mauerwerk« eben:

LEON

Was siehst du?

HENRIK ÜBERLEGT.

HENRIK

Ne Wand. Steine. Mauerwerk.

LEON DREHT SICH GRINSEND ZU IHM.

LEON

Okay. »Mauerwerk«!

HENRIK ÜBERLEGT KURZ, WILLIGT EIN.

HENRIK

»Mauerwerk«.

Eine große Besonderheit des »Mauerwerk« sind die legendären Feiern: Es gab Karaoke, Mottopartys, Speeddating-Veranstaltungen, die *GZSZ*-Rollen feierten Geburtstage, Hochzeiten und große Silvesterpartys. Auch die Küche und die Toilette mussten kurzerhand zu Dancefloors umfunktioniert werden, da der Andrang bei den »Mauerwerk«-Feiern einfach zu groß ist. Sogar zwei große Festivals fanden im und um das »Mauerwerk« herum statt, die Mauerflower-Festivals. Nicht nur in diesem Rahmen traten bekannte Stars im »Mauerwerk« auf: Ob deutsche Stars wie Nena, 2raumwohnung, Bosse, Silbermond, Lukas Rieger, Tim Bendzko oder internationale Größen wie Mando Diao, Ed Sheeran, die Backstreet Boys, Family of the Year, Mark Forster – alle standen sie schon im »Mauerwerk« auf der Bühne, ließen sich bejubeln und schenkten ihren Fans unvergessliche Abende.

Leon ist einer der Macher des »Mauerwerk« – seit der Gründung war er fast durchgehend Teilhaber, bis auf einen kurzen Zeitraum, in dem Shirin Akinci seinen Posten übernahm. Eröffnet hat Leon das »Mauerwerk« gemeinsam mit Henrik Beck, der aber nach einem Streit ausstieg und nach Thailand auswanderte. Seit 2010 ist Leons bester Freund John Bachmann Teilhaber. Zeitweise war auch Tayfun Badak Mitinhaber. Und natürlich ist auch Jo Gerner aus der Geschichte des »Mauerwerk« nicht wegzudenken: Als Besitzer des Hauses verpachtet er es an Leon. Für Leon ist das »Mauerwerk« nicht nur wegen seiner Karriere ein besonderer Ort, hatte er hier doch seinen dramatischen Sturz über die Treppe, durch den er für lange Zeit querschnittsgelähmt und an den Rollstuhl gefesselt war und sich erst mühsam ins Leben zurückkämpfen musste.

Auch als Leons unehelicher Sohn Vince Köpke auftauchte, bildete er ihn hier aus und entfachte seine Leidenschaft für das Kochen. Nach der Ausbildung startete er schnell als Koch durch und hat sogar das Fernsehen durch seine exquisiten Gerichte erobert.

Aber natürlich trifft man sich im »Mauerwerk« auch, um gemeinsam mit Freunden, der Familie oder mit Geschäftspartnern zu essen. Das »Mauerwerk« bewirtet seine Gäste den ganzen Tag über: zum ausgiebigen Frühstück, auf einen schnellen Snack zwischendurch, zum Lunch, nachmittags auf Kaffee und Kuchen und natürlich auch zum schicken Abendessen oder auf einen entspannten Drink.

Das »Mauerwerk« darf im Kiez nicht fehlen. Zum Glück konnte es drei Monate nach dem fatalen Brand wiedereröffnen und erstrahlt nach einer phänomenalen Party in neuem Glanz.

Die besten Rezepte aus dem Club-Restaurant sind in diesem Buch zusammengefasst und können jetzt endlich nachgekocht werden. Als wäre man mit dem Gericht zu Hause live im »Mauerwerk« dabei.

Frohes Gelingen und guten Appetit wünscht

Das *GZSZ*-Team

Frühstück

08:00

ERDNUSSCREME-TOAST MIT BANANE

Zubereitung ca. **5 Min.**

ZUTATEN

Für 4 Portionen

1 Banane (ca. 150 g)
120 g Erdnussmus (ohne Stückchen)
2 EL Naturjoghurt (1,5 % Fett; ca. 40 g)
¼ TL Vanillepulver
¼ TL Zimtpulver
8 Scheiben Toastbrot

1. Die Banane schälen und in etwa 1 cm dicke Scheiben-schneiden. Die Hälfte der Scheiben in einer Schüssel mit einer Gabel fein zerdrücken. Erdnussmus, Joghurt, Vanille und Zimtpulver hinzufügen und alles zu einer glatten Creme verrühren.

2. Pro Portion jeweils ein Viertel der Erdnusscreme und der übrigen Bananenscheiben separat in kleinen Schälchen anrichten. Die Brotscheiben toasten und zusammen mit Creme und Bananenscheiben servieren.

3. Zum Essen erst etwas Erdnusscreme auf den Toast streichen und diesen mit ein paar Bananenscheiben belegen. Dazu passt Möhren-, Orangen- oder Multivitaminsaft gut.

TIPP

Anders als Erdnusscreme (»Peanut butter«) besteht Erdnussmus zu 100 % aus Erdnüssen, enthält also weder Zucker noch weitere – meist billige – Fette. Mit süßer Banane und Joghurt steht damit schnell ein gesunder Energiespender auf dem Tisch. Kerniger wird das Ganze, wenn Sie Erdnussmus mit Stücken verwenden.

Ich liebe die Arbeit im »Mauerwerk«. Ich bin zwar manchmal etwas verpeilt, aber die Crew bügelt das wieder aus.

Maren Seefeld

GOURMETFRÜHSTÜCK MIT LACHS-SPARGEL-RÖLLCHEN UND EI

Zubereitung ca. **20 Min.**

ZUTATEN

Für 4 Portionen

Salz
½ TL Zucker
20 Stangen grüner Spargel
1 Bio-Zitrone
4 Eier
20 Scheiben Räucherlachs (ca. 500 g)
Pfeffer aus der Mühle
1 kleines Baguette (ca. 200 g)

1. In einem Topf reichlich Wasser mit ½–1 TL Salz und dem Zucker zum Kochen bringen. Inzwischen die Spargelstangen waschen und jeweils im unteren Drittel schälen, dabei die holzigen Enden abschneiden. Die Zitrone heiß waschen, trocken reiben und halbieren. Eine Hälfte in Scheiben schneiden, aus der anderen Hälfte den Saft auspressen.

2. Die Spargelstangen mit den Zitronenscheiben in das kochende Wasser geben und je nach Dicke in 5–8 Min. bissfest garen. Den Spargel aus dem Wasser heben, kalt abschrecken und gut abtropfen lassen.

3. Schon während der Spargel gart, in einem zweiten Topf die Eier in kochendem Wasser nach Belieben weich (4–5 Min.), wachsweich (6–7 Min.) oder hart (8–10 Min.) kochen. Nur ganz kurz unter kaltem Wasser abschrecken und anschließend warm halten, dafür z. B. gut in ein Küchentuch wickeln.

4. Die Lachsscheiben mit dem Zitronensaft beträufeln und nach Belieben mit etwas Pfeffer würzen. Jede Spargelstange mittig mit 1 Scheibe Lachs umwickeln und auf Teller verteilen. Die Eier in Eierbecher setzen und diese auf die Teller stellen. Das Brot in Scheiben schneiden, nach Be ieben toasten und dazu servieren. Zum individuellen Würzen der Eier Salz und Pfeffer auf den Tisch stellen.

… mediterran, leicht, lecker!

KÄSEBROT MIT POCHIERTEM EI

Zubereitung ca. **25 Min.**

ZUTATEN

Für 4 Portionen

4 dicke Scheiben Brot (Sorte nach Belieben, z. B. Bauern- oder Mehrkornbrot)
4 TL Frischkäse (Doppelrahmstufe; ca. 40 g)
8 dünne Scheiben fettarmer Käse (z. B. Emmentaler oder Gouda; ca. 120 g)
4 große Salatblätter (z. B. Batavia)
4 sehr frische Eier
1 EL Weißweinessig
Pfeffer aus der Mühle
Schwarzkümmel zum Bestreuen

1. Je 1 Scheibe Brot auf einen Teller legen, nach Belieben zuvor leicht im Toaster rösten. Die Brotscheiben jeweils mit 1 TL Frischkäse bestreichen und mit je 2 Käsescheiben belegen. Die Salatblätter waschen, gut trocken tupfen und ebenfalls auf die Brote legen.

2. Für die pochierten Eier in einem weiten Topf reichlich Wasser aufkochen. Den Topf von der Herdplatte nehmen und den Essig hineingeben. Das Wasser mit einem Kochlöffel in eine Richtung rühren, bis ein Wasserstrudel entsteht. Sofort 1 Ei in ein Schälchen aufschlagen und in den Wasserstrudel gleiten lassen. Nach etwa 10 Sek. nochmals vorsichtig umrühren, damit sich das Eiweiß um das Eigelb wickelt. Dann je nach gewünschter Festigkeit des Eigelbs das Ei noch 3–5 Min. weitergaren. Das fertig pochierte Ei mit einem Schaumlöffel aus dem Wasser heben, kurz kalt abschrecken und abtropfen lassen. Zum Pochieren der übrigen Eier den Topf bei schwacher Hitze wieder auf die Herdplatte stellen, die Wassertemperatur sollte zwischen 75 und 95 °C (also unter dem Siedepunkt) liegen.

3. Die pochierten Eier auf die Brote legen, mit Salz und Pfeffer würzen und mit etwas Schwarzkümmel bestreuen.

TIPP

Wer beim Pochieren von Eiern schon etwas Übung hat, kann auch jeweils 2 Eier kurz nacheinander in den Topf gleiten lassen und zusammen garziehen lassen. Oder ganz einfach und ohne Rühren: 4 Tassen jeweils so mit Frischhaltefolie oder einem Gefrierbeutel (auf Hitzebeständigkeit bis mindestens 100 °C achten!) auslegen, dass diese übersteht. Die Eier in die Folie einschlagen, die Folie direkt über den Eiern zusammenfassen und mit Küchengarn zubinden. Dann alle Säckchen gleichzeitig in den Topf geben und die Eier garziehen lassen.

LACHSHÄPPCHEN MIT KAPERN UND RUCOLA

Zubereitung ca. **15 Min.**

ZUTATEN

Für 4 Portionen

4 EL Frischkäse (ca. 15 % Fett)
4 EL Schmand
2 TL Sahnemeerrettich (aus dem Glas)
1 Spritzer Zitronensaft
Salz
Pfeffer aus der Mühle
4 TL Kapern (aus dem Glas)
1 kleine Handvoll junger Blattspinat (Babyspinat)
1 kleines Bund Rucola
2 flache Vollkornbrötchen (oder Vollkorn-Burgerbuns)
200 g Räucherlachs (in dünnen Scheiben)

1. Den Frischkäse mit Schmand und Sahnemeerrettich in einer Schüssel glatt verrühren. Die Creme mit Zitronensaft, Salz und Pfeffer abschmecken. Dann die Hälfte der Kapern vorsichtig unterziehen.

2. Spinat und Rucola verlesen, von dicken Stielen befreien, waschen und gut trocken tupfen oder schleudern.

3. Die Brötchen halbieren und mit den Schnittflächen nach oben auf eine Servierplatte setzen. Jede Brötchenhälfte mit einigen Spinatblättern belegen und jeweils ein Viertel der Frischkäsecreme in die Mitte geben. Die Lachsscheiben locker darüber drapieren und mit den übrigen Kapern sowie dem Rucola garnieren.

… gesund, leicht, köstlich!

GRANOLA MIT JOGHURT UND FRÜCHTEN

Zubereitung ca. **15 Min.**

ZUTATEN

Für 4 Gläser (à ca. 200 ml Inhalt)

160 g Flockenmischung (z. B. 6-Korn-Flockenmischung)
4 EL Ahornsirup
20 g Mandelkerne
1 Mandarine
1 kleiner Apfel
4 Stiele Melisse oder Minze
500 g Naturjoghurt

1. Die Flockenmischung in einer Pfanne ohne Fett bei mittlerer Hitze unter häufigem Wenden goldgelb anrösten. Den Ahornsirup hinzufügen und alles umrühren, sodass die Flocken gut vom Sirup umhüllt sind. Dann weiterrösten und karamellisieren lassen. Die Flockenmischung aus der Pfanne nehmen und auf einem Teller abkühlen lassen.

2. Die Mandeln grob hacken. Die Mandarine schälen und in einzelne Segmente teilen, die Segmente je nach Größe etwas kleiner schneiden. Den Apfel vierteln, das Kerngehäuse herausschneiden. Die Apfelviertel quer in dünne Scheiben schneiden. Die Melisse oder Minze waschen und trocken schütteln, die Blätter abzupfen und eventuell grob fein schneiden.

3. Einige Mandarinenstücke und Kräuterblätter für die Deko beiseitelegen. Den Joghurt mit den restlichen Mandarinenstücken, dem Apfel und den übrigen Kräutern verrühren. Die Mandeln unter die Flockenmischung mengen.

4. Etwas mehr als die Hälfte der Flockenmischung auf vier Gläser verteilen. Den Joghurt daraufgeben und mit der übrigen Flockenmischung bedecken. Mit beiseitegestellten Mandarinenstücken und Kräutern dekorieren.

TIPP

Joghurt und Flocken können Sie schon am Abend zubereiten. Den Joghurt in die Gläser füllen und zugedeckt in den Kühlschrank stellen, die abgekühlten Flocken zugedeckt bei Raumtemperatur aufbewahren. Am Morgen dann die Früchte vorbereiten und mit den Flocken auf dem Joghurt verteilen.

MÜSLI-FRÜCHTE-PIZZA MIT GRIECHISCHEM JOGHURT

Zubereitung ca. **15 Min.** | Backen ca. **15 Min.**

ZUTATEN

Für 1 Pizza von 22–24 cm Durchmesser (4 Portionen)

Für den Pizzaboden
50 g Butter
50 g Honig
160 g Früchtemüslimischung (ohne Zuckerzusatz)
1 EL Zitronensaft
¼ TL Vanillepulver
¼ TL Zimtpulver

Für den Belag
250 g Sahnejoghurt (griech. Joghurt, 10 % Fett)
1 EL flüssiger Honig
3 Aprikosen
4 Süßkirschen
1 EL gehackte Walnusskerne
1 Kiwi
2 große oder 4 kleine Erdbeeren
1 TL Heidelbeeren

1. Den Backofen auf 175 °C vorheizen. Ein Backblech mit Backpapier auslegen. Die Butter mit dem Honig in einem Topf aufkochen lassen. Falls in der Müslimischung ganze Nüsse oder größere Nussstücke (z. B. Haselnüsse) enthalten sind, diese mit einem großen Messer etwas kleiner hacken. Die Müslimischung mit Zitronensaft, Vanille- und Zimtpulver unterrühren.

2. Die Müslimasse mittig auf das Backpapier geben und mit einem Esslöffel oder Teigspatel zu einem runden, gleichmäßig dicken Pizzaboden von 22–24 cm Durchmesser ausstreichen. Den Pizzaboden im Ofen (zweite Schiene von unten) ca. 15 Min. goldbraun backen. Das Blech aus dem Ofen nehmen und den Pizzaboden darauf auskühlen und fest werden lassen (kann am Vorabend zubereitet werden).

3. Für den Belag den Sahnejoghurt mit dem Honig glatt rühren. Aprikosen und Kirschen waschen und trocken tupfen.

4. Zum Servieren den Pizzaboden auf einen großen flachen Teller oder ein rundes Schneidebrett legen. Den Joghurt daraufstreichen, dabei einen kleinen Rand frei lassen, und nur in der Mitte mit den Walnüssen bestreuen. Mit den Früchten belegen und sofort servieren.

TIPPS

- Das Schneiden des knusprigen Müslibodens mit dem saftigen Früchtebelag ist nicht ganz einfach. Wer mag, kann aus den Zutaten ebenso gut kleine Pizzahäppchen (ca. 4 cm Durchmesser) zubereiten, die Sie dann zum Essen gut in die Hand nehmen können.
- Brechen Sie den Pizzaboden in kleine Stücke und verwenden Sie diese als Crunchy-Müsli – köstlich mit Joghurt oder Milch!

PANCAKES MIT HEIDELBEEREN UND HONIG

Zubereitung ca. **30 Min.**

ZUTATEN

Für 4 Portionen

Für die Pancakes
125 g Buchweizenvollkornmehl
125 g Weizenmehl (Type 1050)
2 TL Backpulver
Salz
500 g Buttermilch
1 EL Zucker
2 Eier (Größe M)
3 EL Öl (z. B. Raps- oder Sonnenblumenöl)

Für den Belag
150 g Heidelbeeren
Honig oder Ahornsirup zum Beträufeln
1–2 Zweige frische Minze

Außerdem
4 TL Öl zum Backen der Pancakes

1. Buchweizenmehl, Weizenmehl, Backpulver und 1 Prise Salz in einer Rührschüssel mischen. Buttermilch, Zucker, Eier und Öl in einem hohen Becher gut verquirlen. Die Buttermilchmischung nach und nach unter Rühren zur Mehlmischung geben und alles zu einem glatten Teig verarbeiten. Den Teig ca. 10 Min. quellen lassen.

2. Inzwischen die Heidelbeeren waschen und putzen.

3. Aus dem Teig nach und nach 12–16 kleine Pancakes backen. Dafür jeweils etwas Öl in einer beschichteten Pfanne erhitzen. Pro Pancake 2 EL Teig in die Pfanne geben, etwas flach streichen und die Unterseite in ca. 3 Min. goldbraun backen. Dann die Pancakes wenden und auf der anderen Seite in ca. 3 Min. goldbraun fertig backen. Die fertigen Pancakes auf einem Teller stapeln.

4. Zum Servieren den Pancake-Stapel mit etwas Honig oder Ahornsirup beträufeln und mit einigen Heidelbeeren und 1 oder 2 Zweigen frischer Minze dekorieren. Übrige Beeren sowie weiteren Honig oder Ahornsirup dazureichen.

TIPP

Besonders dekorativ sieht es aus, wenn Sie den Teller zum Stapeln der Pfannkuchen mit Puderzucker bestäuben.

PORRIDGE MIT BEERENTOPPING

Zubereitung ca. **20 Min.**

ZUTATEN

Für 4 Portionen

800 ml Milch (oder Pflanzendrink)
150 g zarte Haferflocken
Salz
Zimtpulver
1 Msp. abgeriebene Bio-Zitronenschale
1 EL flüssiger Honig oder Ahornsirup (nach Belieben)
4 TL Mandelblättchen
100 g Heidelbeeren
100 g Brombeeren
4 Stiele Zitronenmelisse (oder Minze)

1. Die Milch mit den Haferflocken und 1 Prise Salz unter häufigem Rühren zum Kochen bringen und 1–2 Min. köcheln lassen. 1 Prise Zimt, die Zitronenschale und nach Belieben etwas Honig oder Sirup unterrühren. Das Porridge in vier Müslischälchen füllen und lauwarm oder nach Belieben auch vollständig abkühlen lassen.

2. Inzwischen die Mandelblättchen in einer Pfanne bei mittlerer Hitze ohne Fett ganz leicht anrösten. Die Beeren verlesen, waschen und trocken tupfen. Die Melisse waschen und trocken tupfen, die Blattspitzen abzupfen. Mandeln, Beeren und Melisse auf den Porridgeschälchen verteilen.

TIPP

Wer es etwas süßer mag, kann eine reife Banane mit der Gabel zerdrücken und kurz vor dem Einfüllen in die Schälchen unter das Porridge mischen.

Ein Leben ohne »Mauerwerk«? Kann ich mir nicht vorstellen.

Leon Moreno

Snacks und Smoothies

11:00

AVOCADO-LIMETTEN-SMOOTHIE

Zubereitung ca. **15 Min.**

ZUTATEN

Für 4 Gläser

3 Limetten
2 Avocados
4 EL Kokossirup
250 ml spritziges Mineralwasser
1 Handvoll Crushed Ice
Minze zum Garnieren

1. Die Limetten halbieren, aus der Mitte 4 dünne Scheiben herausschneiden und zum Garnieren beiseitelegen. Die restlichen Limetten auspressen. Die Avocados halbieren, den Stein entfernen, das Fruchtfleisch herauslösen und in Stücke schneiden.

2. Limettensaft, Avocadostücke und Kokossirup in einen Mixer geben und fein pürieren. So viel Mineralwasser ergänzen, bis eine dickflüssige Konsistenz erreicht ist.

3. Das Eis in Gläser geben und mit dem Smoothie auffüllen. Je eine Limettenscheibe an den Glasrand stecken und die Smoothies mit Minze garnieren. Sofort servieren.

Ich könnte mir keinen besseren Pächter für das »Mauerwerk« wünschen als Leon Moreno.

Jo Gerner

AVOCADO-SPINAT-TOASTIES

Zubereitung ca. **20 Min.**

ZUTATEN

Für 4 Portionen

1 Handvoll frischer Blattspinat
100 g Feta
8 Scheiben Körnerbrot (oder Vollkorntoast)
2 Avocados
3–4 EL Zitronensaft
Meersalz
Pfeffer aus der Mühle
Knoblauchsalz

1. Den Spinat verlesen, waschen und trocken schleudern. Den Feta in dünne Scheiben schneiden. Die Brotscheiben im Toaster goldbraun rösten.

2. Die Avocados halbieren, den Stein entfernen, das Fruchtfleisch herauslösen und in schmale Spalten schneiden. Die Hälfte der Avocadospalten mit einer Gabel fein zerdrücken, dabei den Zitronensaft unterarbeiten. Das Avocadopüree mit Salz, Pfeffer und Knoblauchsalz abschmecken.

3. Die Brotscheiben dünn mit Avocadopüree bestreichen. Die Hälfte der Brotscheiben mit Spinat, Avocadospalten und Feta belegen. Mit der anderen Hälfte der Brotscheiben bedecken und diese leicht andrücken.

… nährstoffreich, gesund, ein Genuss!

BEERENSMOOTHIE

Zubereitung ca. **15 Min.**

ZUTATEN

Für 4 Gläser

250 g Himbeeren
50 g Heidelbeeren
2 EL Mandelkerne
4 EL Limettensaft
1 TL flüssiger Honig
100 ml Apfelsaft
2 EL zarte Haferflocken
Minze zum Garnieren

1. Himbeeren und Heidelbeeren waschen und gut abtropfen lassen oder trocken tupfen. Die Mandeln in einer beschichteten Pfanne ohne Fett anrösten, bis sie duften, dann aus der Pfanne nehmen und grob hacken.
2. Die Beeren mit Mandeln, Limettensaft, Honig, Apfelsaft und Haferflocken in einen Mixer geben und fein pürieren. Dabei nach Bedarf noch etwas kaltes Wasser dazugeben, bis der Smoothie dickflüssig ist.
3. Den Smoothie in Gläser gießen. Die Minze waschen und trocken schütteln. Die Smoothies mit der Minze garnieren und sofort genießen.

TIPP

Anstatt Wasser kann man auch einen Schuss Mandelmilch in den Smoothie geben, bis er die gewünschte Konsistenz hat.

FRISCHKÄSE-GEMÜSE-KNÄCKE

Zubereitung ca. **15 Min.**

ZUTATEN

Für 4 Portionen

1–2 Möhren
1 Handvoll frische Erbsenschoten (oder TK-Erbsen)
Salz
150 g Bio-Salatgurke
8 Radieschen
200 g Frischkäse
4 EL Zitronensaft
1–2 Msp. fein abgeriebene Bio-Zitronenschale
weißer Pfeffer
8 Scheiben dunkles Knäckebrot
Kräuter zum Garnieren (nach Belieben, z. B. Kresse)

1. Die Möhre schälen, mit dem Schäler in feine Streifen schneiden und diese mit den Erbsenschoten in kochendem Salzwasser ca. 2 Min. blanchieren. Abgießen, abschrecken und gut abtropfen lassen.

2. Die Gurke waschen und in dünne Scheiben schneiden oder hobeln. Die Radieschen putzen, waschen und ebenfalls in dünne Scheiben schneiden. Den Frischkäse mit Zitronensaft und -schale verrühren, mit Salz und Pfeffer abschmecken.

3. Das Knäckebrot mit dem Frischkäse bestreichen. Dekorativ mit Gurken und Radieschen belegen. Die Erbsenschoten öffnen, die Erbsen auspalen und auf den Broten verteilen. Mit Kräutern garnieren und möglichst bald servieren.

… vitaminreich, leicht, ein Augenschmaus!

GEMÜSEWRAPS MIT WASABICREME

Zubereitung ca. **20 Min.**

ZUTATEN

Für 4 Portionen

½ Kopfsalat (oder anderer Salat)
1 rote Zwiebel
1–2 rote Paprikaschoten
2 Avocados
2–3 EL Zitronensaft
100 g Frischkäse
150 g Joghurt
2 TL Wasabi (oder Meerrettich aus dem Glas)
1 Knoblauchzehe
Salz
Pfeffer aus der Mühle
Cayennepfeffer
8 Tortillafladen

1. Den Salat putzen, waschen und trocken schleudern. Die Zwiebel schälen, halbieren und in dünne Streifen schneiden. Die Paprika waschen, putzen und in schmale Spalten schneiden.

2. Die Avocados halbieren, den Stein entfernen, das Fruchtfleisch herauslösen und in schmale Spalten schneiden. Mit dem Zitronensaft beträufeln.

3. Den Frischkäse mit Joghurt und Wasabi verrühren. Den Knoblauch schälen und dazupressen. Die Creme mit Salz, Pfeffer und Cayennepfeffer abschmecken.

4. Die Tortillas kurz in einer Pfanne ohne Fett anwärmen (oder nach Herstellerangaben im Backofen oder in der Mikrowelle). Jeweils hauchdünn mit etwas Wasabicreme bestreichen und mit Salatblättern, Zwiebeln, Avocado und Paprika belegen.

5. Die Tortillafladen am unteren Ende ein Stückchen über die Füllung klappen und dann alles quer dazu kompakt aufrollen. Den Rest der Wasabicreme als Dip separat dazu servieren.

TIPP

Für die nicht vegetarische Variante kann man etwas Thunfisch aus der Dose vor dem Zusammenrollen der Wraps auf das Gemüse geben.

MINI-SALAMIPIZZA MIT EI

Zubereitung ca. **25 Min.** | Teigruhe ca. **1 Std.** | Backen ca. **15 Min.**

ZUTATEN

Für 4 Portionen

Für den Hefeteig
½ Würfel Hefe (21 g)
1 Prise Zucker
250 g Mehl
½ TL Meersalz
2 EL Olivenöl
Mehl zum Arbeiten
Olivenöl für das Blech

Für den Belag
100 g schwarze Oliven (ohne Stein)
ca. 8 Cocktailtomaten
100 ml passierte Tomaten (Dose)
1 EL Tomatenmark
1 TL getrocknete italienische Kräuter
1 EL Olivenöl
1 Msp. Zucker
Salz
Pfeffer aus der Mühle
100 g Salami (in Scheiben)
120 g geriebener Mozzarella (oder Emmentaler)
4 Eier
1–2 Handvoll Rucola

1. Für den Teig die Hefe mit Zucker und ca. 125 ml lauwarmem Wasser glatt rühren. Das Mehl mit dem Salz in eine Schüssel geben und mischen. Hefewasser und Olivenöl dazugeben und alles zu einem geschmeidigen Teig verkneten. Zugedeckt an einem warmen Ort ca. 1 Std. gehen lassen.

2. Ein Backblech mit Öl bepinseln. Den Teig in vier Portionen teilen und jeweils zu Kugeln formen. Auf etwas Mehl zu runden Fladen (ca. 15 cm Durchmesser) ausrollen und diese auf das Blech verteilen.

3. Den Backofen auf 220 °C Ober- und Unterhitze vorheizen. Die Oliven abtropfen lassen. Die Cocktailtomaten waschen und halbieren. Die passierten Tomaten mit Tomatenmark, Kräutern, Öl, Zucker, Salz und Pfeffer würzen und auf den Mini-Pizzen verstreichen. Mit Cocktailtomatenhälften und Salami belegen und mit Käse sowie Oliven bestreuen. Je 1 Ei mittig daraufsetzen. Das Blech in den heißen Ofen schieben (untere Schiene) und die Mini-Pizzen in ca. 15 Min. goldbraun backen.

4. Inzwischen den Rucola verlesen, waschen und trocken schleudern. Die fertigen Mini-Pizzen herausnehmen, mit Pfeffer übermahlen, auf Teller setzen und mit Rucola garniert servieren.

TIPP

Anstatt den Rucola als Pizzabelag zu verwenden, kann man ihn auch als separaten Salat mit ein paar halbierten Cocktailtomaten und etwas gehobeltem Parmesan servieren. Für das Dressing einfach etwas Olivenöl und Aceto balsamico mischen und mit Salz und Pfeffer abschmecken.

PAPRIKA-BRUSCHETTA MIT ZIEGENKÄSE

Zubereitung ca. **20 Min.**

ZUTATEN

Für 4 Portionen

1 rote Paprikaschote
1 gelbe Paprikaschote
1 Knoblauchzehe
4 EL Olivenöl
Meersalz
Pfeffer aus der Mühle
4 EL Zitronensaft
2 große Scheiben Bruschettabrot
120 g Ziegenfrischkäse
1 Msp. fein abgeriebene Bio-Zitronenschale
1 Handvoll Basilikumblätter

1. Die Paprika waschen, putzen und in schmale Streifen schneiden. Den Knoblauch schälen und sehr fein hacken. Das Öl in einer Pfanne erhitzen und die Paprika mit dem Knoblauch darin unter Wenden ca. 4 Min. anbraten. Mit Salz, Pfeffer und 2 EL Zitronensaft würzen. Das Brot nach Belieben im Toaster kurz anrösten und die Scheiben halbieren.

2. Den Ziegenfrischkäse mit restlichem Zitronensaft, -schale, Salz sowie Pfeffer verrühren und auf die Brotscheiben streichen. Mit den Paprikastreifen belegen und das Basilikum darüberstreuen. Mit Pfeffer übermahlen.

Clubbing mit Spitzenküche, ein genialer Mix. Und auf Nachhaltigkeit legen sie auch noch Wert – thumbs up!

Chris Lehmann

WEISSE BOHNENCREME

Zubereitung ca. **20 Min.**

ZUTATEN

Für 4 Portionen

2 EL gehäutete Mandelkerne
1 Zwiebel
2 Knoblauchzehen
4 Zweige Thymian
1 Dose weiße Bohnen
(ca. 250 Abtropfgewicht)
4 EL Olivenöl
2–3 EL Joghurt
Salz
weißer Pfeffer
Cayennepfeffer
1 EL Zitronensaft
4 Scheiben Sauerteigbrot
Kräuter zum Garnieren
(z. B. Petersilie)

1. Die Mandeln in einer Pfanne ohne Fett unter Rühren anrösten, bis sie zu duften beginnen. Dann vom Herd nehmen und auskühlen lassen. Zwiebel sowie Knoblauch schälen und sehr fein hacken.

2. Den Thymian waschen, trocken schütteln, die Blätter abstreifen und ebenfalls fein hacken. Die Bohnen in ein Sieb abgießen, abbrausen und sehr gut abtropfen lassen.

3. In einem kleinen Topf 2 EL Olivenöl erhitzen. Zwiebeln und Knoblauch darin glasig anschwitzen. Die gut abgetropften Bohnen sowie den Thymian zufügen und 4–5 Min. mitbraten. Vom Herd ziehen und abkühlen lassen.

4. Bohnen und Mandeln in einen Mixer geben, restliches Olivenöl sowie Joghurt hinzufügen und alles pürieren. Mit Salz, Pfeffer, Cayennepfeffer und Zitronensaft abschmecken. Die Brotscheiben nach Belieben anrösten. Mit der Bohnenpaste bestreichen und mit Kräutern garniert servieren.

TIPP

Die Bohnencreme kann auch wunderbar als Unterlage für kurz angebratenes Gemüse dienen. Einfach Paprika, Zucchini und Champignons waschen oder putzen, klein schneiden und in einer geölten Pfanne bei mittlerer Temperatur unter Wenden anbraten. Dann auf einem Küchenpapier ausfetten lassen und noch warm auf das Brot geben.

MAUERWERK
MAUERWERK
SUPPEN
MISOSUPPE
TOM KHA GAI
DIM SUM
HAUPTSPEISEN
GENG PHET GAI
THAI-BASILIKUM, ERDNÜSSEN, SERVIERT MIT DUFTREIS
JAPANESE COCONUT CURRY
TOFU GEGRILLT, MIT GEMISCHTEN GEMÜSE
FOOD BOWLS
RAW BOWL
GRÜNKOHL-TOPINAMBUR
POTATO BOWL

Lunch

13:00

BROKKOLICREMESUPPE MIT PETERSILIE UND CROÛTONS

Zubereitung ca. **20 Min.**

ZUTATEN

Für 4 Portionen

1 Zwiebel
150 g Kartoffeln
300 g Brokkoliröschen
1 EL Olivenöl
800 ml Gemüsebrühe
400 g Sahne
2 Stiele Petersilie
2 Scheiben Toastbrot
1 Spritzer Zitronensaft
frisch geriebene Muskatnuss
Salz
Pfeffer aus der Mühle
Kräuter zum Garnieren (z. B. Fenchelgrün, Petersilie)

1. Die Zwiebel schälen und in feine Würfel schneiden. Die Kartoffeln schälen und in ca. 1 cm große Würfel schneiden. Den Brokkoli waschen, putzen und etwas kleiner schneiden.

2. Das Olivenöl in einem großen Topf erhitzen und die Zwiebelwürfel darin bei mittlerer Hitze kurz anbraten. Die Kartoffeln hinzufügen und 1–2 Min. mitbraten. Brokkoli, Brühe und die Hälfte der Sahne hinzufügen, alles zugedeckt in ca. 10 Min. weich garen.

3. Inzwischen die Petersilie waschen, die Blätter abzupfen und fein hacken. Das Brot im Toaster goldgelb rösten und anschließend in kleine Würfel schneiden.

4. Das Gemüse in der Brühe mit dem Stabmixer fein pürieren und die restliche Sahne untermixen. Die Suppe je nach gewünschter Konsistenz noch mit etwas Wasser oder Brühe verdünnen. Mit Zitronensaft, 1 Prise Muskatnuss, Salz und Pfeffer abschmecken. Auf Suppentassen oder in tiefe Teller verteilen und die Brotwürfel daraufgeben. Nach Belieben mit Kräuterblättchen garnieren.

TIPP

Die Suppe bekommt ein frischeres Aroma, wenn Sie die Hälfte des Brokkolis durch Fenchel ersetzen.

BUNTER SALAT MIT THUNFISCH

Zubereitung ca. **20 Min.**

ZUTATEN

Für 4 Portionen

1 kleiner Kopfsalat
250 g Cocktailtomaten
1 rote Zwiebel
1 gelbe Paprikaschote
1 grüne Paprikaschote
100 g schwarze Oliven (ohne Stein)
1 kleine Handvoll Kräuter (z. B. Rucola, Portulak)
1 Dose Thunfischfilet naturell (im eigenen Saft, 185 g Inhalt)
4 EL Balsamico bianco
4 EL Olivenöl
4 EL Gemüsebrühe
½ TL mittelscharfer Senf
Salz
Pfeffer aus der Mühle
Zucker
1 Bio-Limette

1. Den Kopfsalat putzen, waschen und in die einzelnen Blätter teilen. Die Salatblätter trocken schleudern und nach Belieben etwas kleiner rupfen. Die Cocktailtomaten waschen und jeweils halbieren. Die Zwiebel schälen, längs halbieren und quer in dünne Halbringe schneiden. Die Paprikaschoten längs halbieren, entkernen, waschen und in kleine Würfel schneiden. Die Oliven in dünne Ringe schneiden. Die Kräuter, falls nötig, verlesen, dann waschen, von groben Stielen befreien und trocken schütteln. Den Thunfisch mit zwei Gabeln grob zerteilen.

2. Balsamico, Olivenöl, Gemüsebrühe, Senf, etwas Salz und Pfeffer und 1 kräftige Prise Zucker mit dem Schneebesen oder in einem Twist-off-Glas zu einem cremigen Dressing verquirlen bzw. schütteln. Die Limette heiß waschen, trocken reiben und vierteln.

3. Die Salatblätter auf vier Teller verteilen. Tomaten, Zwiebelringe, Paprika, Oliven, Thunfisch und Kräuter daraufgeben. Jeweils ein Limettenviertel dazulegen. Das Dressing separat in einem Schälchen zum Salat reichen. Dazu passt z. B. Baguette oder Landbrot.

… gesund, frisch, knackig!

CAESAR SALAD MIT KNOBLAUCH-VINAIGRETTE UND HÄHNCHENBRUST

Zubereitung ca. **20 Min.**

ZUTATEN

Für 4 Portionen

Für die Salatmischung

1 Romanasalat (oder 4 Romanasalatherzen)
600 g Hähnchenbrustfilet
3 EL Olivenöl
Salz
Pfeffer aus der Mühle
4 Scheiben Toastbrot
1 kleine Knoblauchzehe
1 kleines Stück Parmesan (ca. 20 g) zum Garnieren

Für das Dressing

3 EL Weißweinessig
4 EL Olivenöl
1 TL mittelscharfer Senf
Salz
Pfeffer aus der Mühle
Zucker
1 kleine Knoblauchzehe

1. Für die Salatmischung den Romanasalat putzen, waschen, in die einzelnen Blätter teilen und diese trocken schleudern.

2. Das Hähnchenbrustfilet waschen und trocken tupfen. Eine Grillpfanne mit 1 EL Olivenöl auspinseln, erhitzen und die Hähnchenbrust bei mittlerer Hitze auf beiden Seite je ca. 6 Min. braten, bis das Fleisch goldbraune Grillstreifen hat und gut durchgebraten ist. Mit Salz und Pfeffer würzen. Aus der Pfanne nehmen, auf einem Teller beiseitestellen.

3. Das Toastbrot in ca. 1 cm große Würfel schneiden. Den Knoblauch schälen und in sehr feine Würfel schneiden. Das restliche Olivenöl in einer Pfanne erhitzen, die Brotwürfel mit dem Knoblauch hinzufügen und bei mittlerer Hitze rundum goldgelb braten. Auf einem Teller abkühlen lassen.

4. Für das Dressing Essig mit 5 EL Wasser, Olivenöl, Senf, etwas Salz und Pfeffer sowie 1 Prise Zucker gut mit dem Schneebesen verquirlen oder in einem Twist-off-Glass schütteln. Den Knoblauch schälen, dazupressen und unterrühren. Nochmals mit Salz, Pfeffer und Zucker abschmecken.

5. Den Romanasalat auf vier Teller verteilen und mit etwas Dressing beträufeln. Das Hähnchenbrustfilet in Scheiben schneiden und auf den Salatblättern verteilen und ebenfalls mit etwas Dressing beträufeln. Die Brotwürfel darauf verteilen und den Parmesan mit einem Sparschäler in dünnen Spänen darüberhobeln. Übriges Dressing in einem Schälchen dazureichen. Dazu passt Baguette.

TIPP

Klassisch gibt es zum Caesar Salad ein sehr viel üppigeres Dressing: ca. 100 g Salatmayonnaise mit je 1 kräftigen Spritzer Zitronensaft und Worcestersauce sowie 1 durchgepressten Knoblauchzehe verrühren. Das Dressing mit Salz und Pfeffer abschmecken und eventuell mit Gemüsebrühe verdünnen.

BUNTER COUSCOUSSALAT

Zubereitung ca. **20 Min.**

ZUTATEN

Für 4 Portionen

250 g Couscous
500 ml heiße Gemüsebrühe
6 Tomaten
1 gelbe Paprikaschote
4 Stiele krause Petersilie
1 Bio-Limette
3 EL Olivenöl
Salz
Pfeffer aus der Mühle
Cayennepfeffer

1. Den Couscous in einer Schüssel mit der Brühe übergießen und 10 Min. quellen lassen.

2. Inzwischen die Tomaten waschen und vierteln, die Stielansätze entfernen. Die Paprikaschote längs halbieren, entkernen, waschen und in kleine Würfel schneiden. Die Petersilie waschen und trocken schütteln, die Blätter abzupfen.

3. Die Limette heiß waschen und trocken reiben, ½ TL Schale fein abreiben, dann die Limette halbieren. Zwei dünne Limettenscheiben abschneiden und jeweils halbieren, von der übrigen Limette den Saft auspressen.

4. Limettenschale und -saft, Olivenöl sowie die Paprikastücke unter den Couscous mischen und den Salat mit etwas Salz, Pfeffer und 1 Prise Cayennepfeffer abschmecken. Den Salat in vier Schälchen verteilen. Tomatenviertel und Petersilie daraufgeben, jeweils mit ½ Limettenscheibe garnieren.

TIPP

Als Faustregel für die Zubereitung von Couscous gilt: mit der doppelten Menge Flüssigkeit übergießen. Da sich die Quellfähigkeit je nach Hersteller unterscheiden kann, sollten Sie zur genauen Flüssigkeitsmenge die Packungsangabe beachten.

Ich ernähre mich vegetarisch, aber das ist im »Mauerwerk« kein Problem. Ich finde immer was Leckeres auf der Speisekarte.

Emily Badak

RIGATONI AUF ITALIENISCHE ART

Zubereitung ca. **20 Min.**

ZUTATEN

Für 4 Portionen

400 g Rigatoni
Salz
1 rote Zwiebel
200 g Schinkenspeck (in dünnen Scheiben)
4 Stiele glatte Petersilie
2 EL Olivenöl
200 g grüne Oliven (ohne Stein)
4 TL Kapern (aus dem Glas)
Pfeffer aus der Mühle
100 g Feta
1 kleines Stück Parmesan (ca. 20 g) zum Garnieren

1. Die Rigatoni nach Packungsanweisung in reichlich kochendem Salzwasser bissfest garen. Inzwischen die Zwiebel schälen und in schmale Streifen schneiden. Den Schinkenspeck in ca. 1 cm breite Streifen schneiden. Die Petersilie waschen und trocken schütteln, die Blätter abzupfen und grob schneiden.

2. Die Nudeln in ein Sieb abgießen, dabei etwas Kochwasser auffangen. Dann die Nudeln mit kaltem Wasser abschrecken und abtropfen lassen.

3. Das Olivenöl in einer großen Pfanne erhitzen und die Zwiebelstreifen mit dem Speck darin bei mittlerer Hitze in ca. 5 Min. leicht braun anbraten. Die Nudeln untermischen und kurz miterhitzen. Zum Schluss Oliven und Kapern untermengen. Für mehr Saftigkeit evtl. noch 2–3 EL Nudelkochwasser untermischen. Die Nudelpfanne mit Salz und Pfeffer abschmecken.

4. Die Rigatoni auf Teller verteilen und mit der Petersilie bestreuen. Den Feta mit den Fingern darüberbröckeln, den Parmesan darüberhobeln oder -raspeln.

TIPP

Für gute oder sehr hungrige Esser – oder wenn es weder Vorspeise noch Dessert gibt – können Sie eine 500-g-Nudelpackung verwenden.

BUNTE QUINOA-GEMÜSE-BOWL MIT HÄHNCHEN

Zubereitung ca. **40 Min.**

ZUTATEN

Für 4 Portionen

750 ml Gemüse- oder Hühnerbrühe
400 g Hähnchenbrustfilet
200 g Rosenkohl
100 g rote Quinoa
1 Avocado
1 rote Paprikaschote
1 Dose Kichererbsen (400 g Inhalt)
1 Bio-Limette
Paprikapulver (nach Belieben edelsüß oder rosenscharf)

1. Die Brühe in einem großen Topf zum Kochen bringen, dann die Hitze auf niedrige Stufe herunterschalten. Das Hähnchenbrustfilet waschen und in die Brühe geben. Das Fleisch sollte knapp von Brühe bedeckt sein, bei Bedarf noch etwas heiße Brühe angießen. Das Fleisch in der Brühe mit geschlossenem Deckel je nach Dicke 10–15 Min. gar ziehen lassen.

2. Inzwischen den Rosenkohl putzen und waschen. Einige Außenblätter ablösen und beiseitelegen. Die harten Strünke der Röschen über Kreuz einschneiden. Die Quinoa in einem feinen Sieb mit heißem Wasser gut abbrausen.

3. Das Hähnchen mit einem Schaumlöffel aus dem Topf heben, abtropfen lassen und auf einem Teller beiseitestellen. Von der Brühe 250 ml abnehmen und mit der Quinoa in einen zweiten Topf geben. Die Quinoakörner zugedeckt bei mittlerer Hitze 15 Min. köcheln lassen, dann vom Herd nehmen und noch etwa 10 Min. ausquellen lassen. Die übrige Brühe wieder zum Kochen bringen und die Rosenkohlröschen darin ca. 5 Min. bissfest garen. Herausnehmen, in einem Sieb abschrecken und abtropfen lassen.

4. Die Avocado halbieren und entkernen. Das Fruchtfleisch mit einem Löffel als Ganzes aus der Schale lösen und anschließend in dünne Scheiben schneiden. Die Paprikaschote längs halbieren, entkernen, waschen und in kleine Stücke schneiden. Die Kichererbsen in einem Sieb abbrausen und abtropfen lassen. Die Limette heiß waschen, trocken reiben und in Spalten schneiden.

5. Die Rosenkohlröschen in vier Schälchen verteilen. Das Fleisch in Scheiben schneiden und mit Kichererbsen, Paprikastücken, Avocadoscheiben und Quinoa darauf anrichten. Alles mit etwas Paprikapulver bestreuen und mit den Rosenkohlblättern garnieren. Die Limettenspalten zum Beträufeln daraufgeben. Noch übrige Brühe dazureichen – für alle, die es gern noch etwas saftiger mögen!

TOMATEN-FRITTATA MIT KRÄUTERN

Zubereitung ca. **30 Min.**

ZUTATEN

Für 4 Portionen

8 Eier (M oder L)
4 EL Milch (oder Sahne)
Salz
Pfeffer aus der Mühle
2 Fleischtomaten (à ca. 150 g)
1 große Handvoll Kräuter (z. B. Basilikum, Petersilie, Thymian, Oregano)
2 EL Olivenöl
100 g Feta

1. Die Eier mit der Milch sowie etwas Salz und Pfeffer in einem hohen Becher gut mit dem Schneebesen verquirlen. Die Tomaten waschen und quer in dünne Scheiben schneiden, dabei den Stielansatz entfernen. Die Kräuter waschen und trocken schütteln, die Blätter abzupfen. Die Hälfte der Kräuterblätter fein hacken und unter die Eiermasse mischen, die restlichen Kräuter für die Garnitur beiseitelegen.

2. Die Hälfte des Öls in einer ofenfesten beschichteten Pfanne (ca. 24 cm Durchmesser) erhitzen. Die Hälfte der Eiermasse hineingießen, mit der Hälfte der Tomatenscheiben belegen und bei schwacher bis mittlerer Hitze offen ca. 10 Min. stocken lassen. Inzwischen den Backofengrill einschalten. Die Frittata unter dem Grill an der Oberfläche vollständig stocken lassen. Dann aus der Pfanne nehmen und warm halten. Aus übrigem Öl, Eiermasse und Tomaten auf die gleiche Weise eine zweite Frittata backen.

3. Zum Servieren den Feta mit den Fingern über die Frittatas krümeln und die beiseitegelegten Kräuterblätter daraufstreuen. Dann die Frittata jeweils halbieren oder wie eine Torte in Stücke schneiden. Sie schmeckt lauwarm oder kalt. Dazu passt Bauernbrot.

TIPPS

- Backen Sie die Frittatas in Portionsgröße in einer kleinen Pfanne.
- Wer keine ofenfeste Pfanne hat, lässt die Frittata auf einen Teller gleiten und schiebt sie darauf unter den Grill.

TOMATENSUPPE MIT CRÈME FRAÎCHE

Zubereitung ca. **15 Min.**

ZUTATEN

Für 4 Portionen

1 kleine Zwiebel
1 Knoblauchzehe
1 Möhre (ca. 80 g)
1 EL Olivenöl
2 Dosen gehackte Tomaten (800 g)
300 ml Gemüsebrühe
4 EL Crème fraîche
Salz
Pfeffer aus der Mühle
rosenscharfes Paprikapulver
4 Basilikumspitzen

1. Zwiebel und Knoblauchzehe schälen und in feine Würfel schneiden. Die Möhre putzen, schälen und fein würfeln.
2. Das Olivenöl in einem Topf erhitzen. Zwiebel, Knoblauch und Möhre darin bei mittlerer Hitze unter Rühren 2–3 Min. anschwitzen. Tomaten und Brühe hinzufügen und alles zugedeckt 10 Min. köcheln lassen.
3. Die Zutaten im Topf mit dem Stabmixer fein pürieren, zum Schluss die Hälfte der Crème fraîche untermixen Die Suppe mit Salz, Pfeffer und Paprikapulver abschmecken.
4. Zum Servieren die Basilikumspitzen waschen und trocken tupfen. Die Suppe in Suppentassen oder tiefe Teller verteilen und die restliche Crème fraîche als Kleckse in die Mitte geben. Mit Basilikum garnieren.

TIPP

In den Sommermonaten, wenn besonders aromatische Tomaten aus regionaler Ernte auf dem Markt sind, können Sie die Suppe auch damit zubereiten. Sie benötigen dann ca. 1,5 kg frische Tomaten. Diese waschen, ohne Stielansätze in kleine Stücke schneiden und mit der Brühe in den Topf geben. Alles 20 Min. köcheln lassen, dann pürieren und zum Entfernen der Tomatenhäute durch ein Sieb streichen. Erst dann die Crème fraîche untermixen und die Suppe würzen.

RUCK-ZUCK-TORTELLINISUPPE MIT ERBSEN UND SPINAT

Zubereitung ca. **10 Min.**

ZUTATEN

Für 4 Portionen

200 g junger Blattspinat (Babyspinat)
1,2 l Gemüse- oder Fleischbrühe
250 g Tortellini (aus dem Kühlregal, Füllung nach Belieben)
200 g TK-Erbsen
1 kleines Stück Parmesan (ca. 20 g) zum Garnieren

1. Den Spinat waschen und gut abtropfen lassen. Die Brühe in einem Topf aufkochen und die Tortellini darin nach Packungsanweisung garen. Etwa 2 Min. vor Ende der angegebenen Garzeit Erbsen und Spinat in die Brühe geben und miterhitzen.

2. Die Suppe in Suppentassen oder tiefe Teller verteilen. Den Parmesan mit dem Sparschäler oder der Küchenreibe in feinen Spänen darüberhobeln bzw. -raspeln.

TIPP

Wer frische Erbsen aus Schoten verwenden möchte, benötigt davon etwa 500 g.

Die Atmosphäre im »Mauerwerk« passt immer. Meine Nummer-eins-Adresse in Berlin.

Alexander Cöster

INGWERSCHARFE KÜRBISSUPPE MIT SESAM

Zubereitung ca. **20 Min.**

ZUTATEN

Für 4 Portionen

1 kleine Zwiebel
400 g Hokkaidokürbis (ohne Kerne; ersatzweise Butternutkürbis)
1 Stück Ingwer (1–2 cm)
1 EL Öl
1 EL Tomatenmark
150 ml Orangensaft (am besten frisch gepresst)
900 ml Gemüsebrühe
4 TL Sesamsamen (helle und dunkle gemischt)
½ TL mildes Currypulver
Salz
Pfeffer aus der Mühle
2 TL gehackte Petersilie
4 Blätterteigstangen oder Grissini (mit Sesam; Fertigprodukt)

1. Die Zwiebel schälen und in kleine Würfel schneiden. Den Kürbis waschen (Butternutkürbis schälen) und in ca. 1 cm große Würfel schneiden. Den Ingwer schälen und in sehr feine Würfel schneiden.

2. Das Öl in einem großen Topf erhitzen und die Zwiebelwürfel kurz darin anschwitzen. Kürbiswürfel hinzufügen und bei mittlerer Hitze ca. 3 Min. anbraten, bis sie leicht Farbe annehmen. Das Tomatenmark und den Ingwer unterrühren. Orangensaft und Brühe dazugießen, zum Kochen bringen und alles zugedeckt bei schwacher bis mittlerer Hitze ca. 10 Min. köcheln lassen, bis der Kürbis weich ist.

3. Inzwischen die Sesamsamen in einer Pfanne ohne Fett bei mittlerer Hitze anrösten, bis sie zu springen beginnen und angenehm duften. Aus der Pfanne nehmen und abkühlen lassen.

4. Die Kürbismischung im Topf mit dem Stabmixer fein pürieren. Das Currypulver unterrühren und die Suppe mit Salz und Pfeffer würzen. In Tassen oder tiefe Teller verteilen. Mit Sesamsamen und Petersilie bestreuen. Pro Portion 1 Blätterteigstange oder Grissini dazu servieren.

Am liebsten esse ich scharfe Gerichte: Chili, Ingwer – genau mein Ding.

Sophie Lindh

SALATWRAPS MIT ERDNUSSDIP

Zubereitung ca. **20 Min.**

ZUTATEN

Für 4 Portionen

Für die Salatwraps
16 große Salatblätter (z.B. Batavia oder Kopfsalat)
1 rote Paprikaschote
1 gelbe Paprikaschote
1 Möhre (ca. 100 g)
1 Stück Salatgurke (15–20 cm lang)
½ Bund Petersilie
Bio-Limetten zum Beträufeln (nach Belieben; halbiert oder in Spalten geschnitten)

Für den Dip
200 g Erdnussmus (mit Salz und Erdnussstücken)
125 ml heiße Gemüsebrühe
1 EL Limettensaft (oder Zitronensaft)
Cayennepfeffer
2 EL geröstete und gesalzene Erdnüsse

1. Für die Wraps die Salatblätter waschen und gut trocken tupfen, dicke Mittelrippen herausschneiden. Die Paprikaschoten längs halbieren, entkernen und waschen. Die Möhre putzen und schälen, die Gurke waschen und trocken tupfen. Paprika, Möhre und Gurke jeweils längs in sehr feine Streifen schneiden. Die Petersilie waschen und trocken schütteln, 4 Stiele für die Deko beiseitelegen. Von der übrigen Petersilie die Blätter abzupfen und fein hacken.

2. Für den Dip das Erdnussmus mit Gemüsebrühe und Limettensaft im Mixer cremig pürieren, es sollten jedoch noch Erdnussstücke zu sehen sein. Für eine flüssigere Konsistenz nach Belieben noch etwas mehr Gemüsebrühe untermixen. Den Dip mit 1 kräftigen Prise Cayennepfeffer abschmecken. Auf vier Schälchen verteilen und je mit ½ EL Erdnüssen bestreuen.

3. Das in Streifen geschnittene Gemüse zu 16 bunt gemischten Bündeln zusammenfassen. Jedes Salatblatt mit etwas gehackter Petersilie bestreuen, mit einem Gemüsebündel belegen und aufrollen. Je 4 Salatwraps auf einen Teller oder eine Platte legen und ein Erdnussdip-Schälchen dazustellen. Mit Petersilienstielen dekorieren und nach Belieben noch Limette zum Beträufeln dazulegen.

TIPP

Nach Belieben kann man auf jedes Salatblatt einen Klecks Erdnussdip geben, bevor man es mit den Gemüsestreifen belegt.

Kuchen und süße Snacks

16:00

APFELTARTE

Zubereitung ca. **45 Min.** | Kühlen ca. **1 Std.** | Backen ca. **45 Min.**

ZUTATEN

Für 1 Tarte- oder Springform (26 cm Durchmesser)

Für den Teig

250 g Mehl
1 Prise Salz
170 g Butter
60 g Zucker
1 Ei (M)
Butter für die Form
Mehl zum Arbeiten

Für den Belag

120 g Marzipanrohmasse
2 Eier (M)
150 g Schmand (oder saure Sahne)
1 Päckchen Vanillezucker
1 EL Speisestärke
1 Msp. abgeriebene Bio-Zitronenschale
500 g Äpfel
3–4 EL Zitronensaft
2 EL Apfelgelee (oder Aprikosenkonfitüre ohne Stücke)

1. Das Mehl auf eine Arbeitsfläche sieben und eine Mulde hineindrücken. Salz, Butter in Stücken, Zucker und Ei hineingeben, alles mit einer Teigkarte zu Krümeln hacken und anschließend mit den Händen zu einem homogenen Teig verkneten. In Folie wickeln und 1 Std. kalt stellen.

2. Den Ofen auf 200 °C Ober- und Unterhitze vorheizen. Eine Tarte- oder Springform (26 cm Durchmesser) mit Butter auspinseln. Den Teig auf einer leicht bemehlten Arbeitsfläche kurz durchkneten und ca. 8 mm dünn und etwas größer als die Form ausrollen. Die vorbereitete Form damit auslegen, dabei einen ca. 4 cm hohen Rand mitformen. Mit einer Gabel mehrfach einstechen und kalt stellen.

3. Für den Belag das Marzipan in Stücke zupfen und mit den Eiern glatt rühren. Schmand, Vanillezucker, Speisestärke und Zitronenschale unterrühren. Die Marzipancreme auf den Mürbteigboden geben und glatt streichen.

4. Die Äpfel schälen, vierteln, das Kerngehäuse entfernen und die Früchte in schmale Spalten schneiden. Sofort mit dem Zitronensaft vermischen. Den Mürbteigboden dicht mit den Äpfeln belegen. Die Tarte im heißen Ofen (Mitte) ca. 45 Min. backen (Stäbchenprobe machen). Aus dem Ofen nehmen und leicht abkühlen lassen.

5. Die Konfitüre erwärmen und die Tarte damit bepinseln. Gut trocknen und auskühlen lassen. Zum Servieren in Stücke schneiden.

TIPP

Man kann die Apfeltarte auch noch lauwarm mit einem Klacks Schlagsahne oder einer Kugel Vanilleeis als Dessert servieren.

CRÊPES MIT SCHOKOLADENFÜLLUNG

Zubereitung ca. **30 Min.** | Auskühlen ca. **4 Std.** | Garen ca. **20 Min.**

ZUTATEN

Für 4 Portionen

Für die Füllung
150 g Zartbitterschokolade
150 g Sahne
60 g Butter

Für die Crêpes
30 g Butter
125 g Mehl
270 ml Milch
2 Eier (M)
1–2 TL Zucker
1 Prise Salz
Rapsöl zum Braten
Schokoladensauce zum Beträufeln
Schlagsahne zum Garnieren

1. Für die Füllung die Schokolade hacken. Die Sahne aufkochen, über die Schokolade gießen, kurz stehen lassen, dann langsam durchrühren, bis die Schokolade geschmolzen und die Creme homogen ist. Die Butter in kleine Stücke schneiden und unter die heiße Creme rühren, bis sie geschmolzen ist. Die Creme 3–4 Std. auskühlen lassen.

2. Für den Teig die Butter schmelzen und abkühlen lassen. Das Mehl mit der Milch glatt rühren. Dann die Eier zufügen und gut unterrühren. Die flüssige Butter mit Zucker und Salz einarbeiten und den Teig ca. 15 Min. quellen lassen.

3. Zum Ausbacken eine heiße Crêpe-Pfanne oder beschichtete Pfanne mit etwas Öl auspinseln. Etwas Teig in die Pfanne geben und schwenken, sodass der Boden gerade gleichmäßig dünn bedeckt ist. Bei mittlerer Hitze 1–2 Min. goldbraun backen, wenden und noch ca. 1 Min. auf der anderen Seite backen. Mit dem restlichen Teig ebenso verfahren. Fertige Crêpes nach Belieben im Ofen warm halten (Umluft 50 °C).

4. Die Creme mit den Quirlen des Handrührgeräts kurz durchrühren, bis sie etwas fluffiger geworden ist. Die Crêpes mittig mit etwas Schokoladencreme bestreichen und die Crêpes aufrollen. Auf vier Tellern jeweils 2–3 Stück anrichten, mit der Schokoladensauce beträufeln und mit einem Klecks Schlagsahne garnieren.

… schokoladig, samtig, süß!

ERDBEERKUCHEN

Zubereitung ca. **40 Min.** | Kühlen ca. **3 Std.** | Backen ca. **25 Min.**

ZUTATEN

Für 1 Springform
(26 cm Durchmesser)

Für den Teig
220 g Mehl
1 Prise Salz
120 g Butter
60 g feiner Zucker
1 Ei (M)
Butter für die Form
Mehl zum Arbeiten
Backpapier und Hülsenfrüchte zum Blindbacken

Für die Creme
300 g Erdbeeren
300 g Mascarpone
50 g Zucker
2 EL Zitronensaft
2–3 EL Vanillesirup
1–2 EL Instantgelatine
100 g Sahne

Für den Guss
150 ml klarer Apfelsaft (oder Weißwein)
1 Päckchen Tortengusspulver
1 EL Zucker

1. Das Mehl auf eine Arbeitsfläche sieben und eine Mulde hineindrücken. Salz, Butter in Stücken, Zucker und Ei hineingeben, alles mit einer Teigkarte zu Krümeln hacken und anschließend mit den Händen zu einem homogenen Teig verkneten. Den Teig in Folie wickeln und 1 Std. kalt stellen.

2. Den Ofen auf 200 °C Ober- und Unterhitze vorheizen. Eine Springform (26 cm Durchmesser) mit Butter auspinseln. Den Teig auf einer leicht bemehlten Arbeitsfläche kurz durchkneten und ca. 6 mm dünn und etwas größer als die Form ausrollen. Die vorbereitete Form damit auslegen, dabei einen ca. 4 cm hohen Rand mitformen.

3. Backpapier und Hülsenfrüchte darauflegen und den Teigboden im heißen Ofen (Mitte) ca. 15 Min. blindbacken. Die Hülsenfrüchte und das Papier entfernen und den Teigboden weitere 5–10 Min. fertig backen. Herausnehmen und auskühlen lassen.

4. Die Erdbeeren waschen, putzen und halbieren. Mascarpone mit Zucker, Zitronensaft und Vanillesirup verrühren. Die Gelatine unter kräftigem Rühren unterschlagen. Die Sahne steif schlagen und unterziehen. Die Creme auf den Mürbteigboden geben, glatt streichen und dicht mit den Erdbeeren belegen. Dann 1–2 Std. kalt stellen, bis die Creme fest geworden ist.

5. Den Saft mit 100 ml Wasser verdünnen. Das Tortengusspulver mit Zucker und verdünntem Saft verrühren. Unter Rühren aufkochen, vom Herd ziehen und 1–2 Min. abkühlen lassen, dabei immer wieder behutsam durchrühren. Den flüssigen Guss mit einem Löffel über die Erdbeeren verteilen und fest werden lassen.

MÖHREN-KÄSEKUCHEN

Zubereitung ca. **1 Std.** | Backen ca. **1 Std. 15 Min.**

ZUTATEN

Für 1 Springform
(26 cm Durchmesser)

Für den Kuchen
100 g Haselnusskerne
100 g Walnusskerne
50 g Zartbitterschokolade
50 g getrocknete Softaprikosen
125 g Möhren
5 Eier (M)
250 g Zucker
1 Msp. fein abgeriebene Bio-Zitronenschale
120 g Mehl
2 EL Speisestärke
1 TL Backpulver
100 g gehackte Mandeln

Für die Käsemasse
700 g Quark (20 %)
200 g saure Sahne
200 g Zucker
1 EL Vanillezucker
3 Eier (M)
3–4 EL Speisestärke

Für die Sauce
20 Karamellbonbons
2 Prisen (grobes) Meersalz

1. Eine Springform (26 cm Durchmesser) am Boden mit Backpapier auslegen. Den Backofen auf 170 °C Ober- und Unterhitze vorheizen. Nüsse, Schokolade und Aprikosen hacken, 2–3 EL davon für die Garnitur beiseitelegen. Die Möhren schälen, putzen und raspeln. Die Eier trennen. Die Eigelbe mit dem Zucker schaumig schlagen, dann die Zitronenschale unterrühren.

2. Mehl, Speisestärke und Backpulver vermengen und unter die Eimasse rühren. Das Eiweiß steif schlagen. Möhren, Nüsse, Mandeln (1 EL für die Garnitur beiseitelegen) und Schokolade auf die Eigelbmasse geben. Den Eischnee daraufgeben und alles zusammen unterziehen. Die Masse in die vorbereitete Form geben, glatt streichen und im heißen Ofen ca. 30 Min. backen.

3. Für die Käsemasse den Quark mit saurer Sahne, Zucker, Vanillezucker, Eiern und Speisestärke gut verquirlen. Die Masse mit einem Löffel behutsam auf der vorgebackenen Kuchenmasse verteilen, glatt streichen und alles weitere 35–45 Min. fertig backen (Stäbchenprobe machen). Herausnehmen und vollständig auskühlen lassen.

4. Für die Sauce die Karamellbonbons in einem Topf zusammen mit dem Salz und ca. 100 ml Wasser unter Rühren bei geringer Hitze auflösen, bis eine glatte Karamellsauce entstanden ist. Die Sauce handwarm abkühlen lassen. Zum Servieren den Kuchen mit den restlichen Nüssen und Mandeln bestreuen und mit der Sauce übergießen.

KNUSPERWAFFELN MIT FRISCHEN BEEREN

Zubereitung ca. **30 Min.** | Ruhen ca. **20 Min.** | Garen ca. **20 Min.**

ZUTATEN

Für 4 Portionen

3 Eier (M)
120 g (weiche) Butter
70 g Zucker
1 Päckchen Vanillezucker
1 Prise Salz
250 g Mehl
1 TL Backpulver
250 ml Milch
100 ml sprudelndes Mineralwasser
Butter oder Rapsöl für das Waffeleisen
250 g gemischte Beeren (z. B. Himbeeren, Heidelbeeren, Erdbeeren)
Puderzucker zum Bestäuben
Schlagsahne oder Vanilleeis zum Servieren

1. Die Eier trennen. Butter, Zucker Vanillezucker und Salz cremig rühren. Das Eigelb dazugeben und die Masse weißschaumig schlagen. Mehl und Backpulver mischen und abwechselnd mit der Milch nach und nach unterrühren. Das Mineralwasser dazugeben und unterziehen.

2. Das Eiweiß steif schlagen und ebenfalls unterheben. Den Teig ca. 20 Min. ausquellen lassen, dann kurz umrühren und portionsweise im vorgeheizten und gefetteten Waffeleisen zu knusprigen Waffeln backen.

3. Die Beeren behutsam waschen und trocken tupfen. Die Waffeln auf vier Tellern anrichten, die Beeren darauf verteilen und alles dünn mit Puderzucker bestäuben. Nach Belieben etwas Schlagsahne oder Vanilleeis dazureichen.

Männer, die kochen können? Es gibt nichts Besseres.

Sophie Lindh

MÜSLIRIEGEL

Zubereitung ca. **25 Min.** | Backen ca. **30 Min.**

ZUTATEN

Für 4 Portionen

80 g Korinthen oder Rosinen
80 g geschälte Haselnusskerne
50 g gehackte Mandeln
1 EL Sonnenblumenkerne
50 g Kürbiskerne
150 g brauner Zucker
80 g zarte Haferflocken
150 g kernige Fünf-Korn-Flocken (oder Haferflocken)
200 g Butter
2 EL Honig
1–2 EL Zuckerrübensirup
1 Msp. Salz
½ TL Zimt
½ TL gemahlener Ingwer

1. Den Backofen auf 175 °C vorheizen. Ein Backblech mit Backpapier belegen. Die Rosinen mit Haselnüssen, Mandeln, Sonnenblumen- und Kürbiskernen, Zucker, Hafer- und Fünf-Korn-Flocken in der Rührschüssel vermischen.

2. Die Butter schmelzen, Honig sowie Zuckerrübensirup zugeben und verflüssigen. Salz, Zimt und Ingwer unterrühren. Zur Rosinenmischung geben und alles gut vermengen. Die Masse auf das Backblech geben und 2 cm dick darauf verstreichen.

3. Mit einem Messer Rechtecke (ca. 8 x 4 cm) schneiden, sodass die Riegelform vorab eingeprägt ist. Im Ofen (Mitte) 20–30 Min. goldbraun backen. Herausnehmen, auskühlen lassen und entlang der Kennzeichnung in Riegel schneiden.

TIPP

Der Müsliriegel schmeckt besonders gut zu einer großen Tasse Cappuccino oder Latte macchiato.

PFIRSICHKUCHEN

Zubereitung ca. **30 Min.** | Backen ca. **50 Min.**

ZUTATEN

Für 1 Springform
(26 cm Durchmesser)

Butter und Mehl für die Form
1 Dose Pfirsichhälften (Abtropfgewicht ca. 400 g)
4 Eier (M)
80 ml Sonnenblumenöl
250 ml Buttermilch
125 g Zucker
1 Päckchen Vanillezucker
1 TL abgeriebene Bio-Zitronenschale
350 g Mehl
2 TL Backpulver
Puderzucker zum Bestäuben

1. Den Backofen auf 180 °C Ober- und Unterhitze vorheizen. Die Form ausbuttern und ausmehlen. Die Pfirsiche abtropfen lassen und in Spalten schneiden.

2. Eier, Sonnenblumenöl und Buttermilch miteinander verrühren. Zucker, Vanillezucker und Zitronenschale unterrühren, bis sich der Zucker aufgelöst hat. Das Mehl mit dem Backpulver mischen, auf die Eiermasse sieben und alles zu einem glatten Teig verrühren.

3. Die Hälfte des Teigs in die Form geben, glatt streichen und mit der Hälfte der Pfirsiche belegen. Dann den restlichen Teig daraufgeben, glatt streichen und die übrigen Pfirsichspalten daraufsetzen. Leicht eindrücken und im heißen Ofen (Mitte) 45–50 Min. backen (Stäbchenprobe machen).

4. Herausnehmen, etwas abkühlen lassen, vorsichtig aus der Form lösen und auf einem Kuchengitter vollständig auskühlen lassen. Zum Servieren mit Puderzucker bestäuben.

Den Nachtisch finde ich am coolsten.

Johanna Flemming

DREIERLEI MACARONS MIT SCHOKOLADENFÜLLUNG

Zubereitung ca. **50 Min.** | Backen ca. **20 Min.**

ZUTATEN

Für 4 Portionen

Für die Füllung

200 g weiße Kuvertüre
100 g Sahne
1 TL Kakao
Lebensmittelfarbpaste in Braun, Grün und Pink
1 TL Pistaziencreme
1 TL Himbeerkonfitüre

Für die Macarons

180 g geschälte, gemahlene Mandeln
220 g Puderzucker
3–4 Eiweiß (100 g)
1 TL Zitronensaft
1 Prise Salz
Lebensmittelfarbpaste in Braun, Grün und Pink
Kakao zum Bestäuben

1. Die Kuvertüre hacken und in eine Schüssel geben. Die Sahne aufkochen, über die Kuvertüre gießen und umrühren, bis sich eine homogene Ganache ergibt. Abkühlen lassen.

2. Für die Macarons die Mandeln mit der Hälfte des Zuckers vermischen und in einer elektrischen Gewürzmühle oder Ähnlichem fein mahlen. Anschließend sieben und grobe Rückstände erneut vermahlen, bis alles möglichst fein ist.

3. Das Eiweiß mit Zitronensaft und Salz zu sehr steifem Schnee schlagen, dabei nach und nach den restlichen Zucker einrieseln lassen. Weiterschlagen, bis der Eischnee schnittfest ist und glänzt. Die Mandelmasse unterziehen.

4. Die Macaronmasse in drei Portionen teilen und je eine Portion mit brauner, grüner und pinkfarbener Lebensmittelfarbe einfärben. Die Massen jeweils in einen Spritzbeutel mit großer Lochtülle füllen und in gleichmäßig große Tupfen (ca. 3 cm) auf ein mit Backpapier belegtes Backblech spritzen. Bei Raumtemperatur ca. 30 Min. antrocknen lassen.

5. Den Backofen auf 150 °C Ober- und Unterhitze vorheizen. Die Macarons im heißen Ofen in 12–15 Min. hell backen, herausnehmen und vollständig auskühlen lassen.

6. Die Ganache in drei Portionen teilen. Eine Portion mit dem Kakao verrühren und mit Lebensmittelfarbe braun einfärben. Die zweite Portion mit Pistaziencreme verrühren und grün färben. Die dritte Portion mit der Konfitüre verrühren und pink einfärben.

7. Die braunen Macarons mit der braunen Kakaoganache, die grünen Macarons mit der Pistazienganache und die pinkfarbenen Macarons mit der Himbeerganache zusammenkleben. Die braunen Macarons nach Belieben zusätzlich mit Kakao bestäuben. Möglichst frisch verzehren.

SCHOKOLADEN-MUGCAKES

Zubereitung ca. **20 Min.** | Backen ca. **8 Min.**

ZUTATEN

Für 4 Tassen

Butter für die Tassen
50 g Butter
120 g Zartbitterschokolade (mind. 60 % Kakao)
½ TL Instant-Kaffeepulver
60 g Zucker
2 Eier (M)
4 EL Milch
80 g Mehl
1 TL Backpulver
Puderzucker zum Bestäuben
Minze oder Melisse zum Garnieren

1. Vier mikrowellengeeignete Tassen mit Butter auspinseln. Die Butter in sehr kleine Stücke schneiden, die Schokolade fein hacken, beides in eine für die Mikrowelle geeignete Schüssel geben und bei niedriger Leistung (ca. 400 Watt) in der Mikrowelle in 1–2 Min. schmelzen, dabei immer wieder unterbrechen und umrühren.

2. Kaffeepulver und Zucker dazugeben und alles gründlich verrühren. Die Eier mit der Milch verquirlen, dann zur Schokoladenbutter geben und ebenfalls gut unterrühren. Das Mehl mit dem Backpulver mischen und unterziehen. Den Teig in die Tassen geben.

3. Jeweils nacheinander zwei Tassen in die Mikrowelle stellen und die Mugcakes bei 900 Watt 3–4 Min. in der Mikrowelle backen. Herausnehmen, leicht abkühlen lassen, mit Puderzucker bestäuben und mit Minze oder Melisse garniert lauwarm servieren.

TIPP

Nach Belieben können die Mugcakes mit einem Klacks Zimt- oder Baileyssahne aufgepeppt werden. Dazu einfach eine Prise Zimt oder einen Schuss Baileys in die Schlagsahne (150 g Sahne und 2 TL Zucker steif schlagen) geben.

ZIMTSCHNECKEN

Zubereitung ca. **40 Min.** | Ruhen ca. **1 Std.** | Backen ca. **20 Min.**

ZUTATEN

Für 4 Portionen

500 g Mehl
250 ml Milch
½ Würfel Hefe (21 g)
1 Prise Salz
60 g Zucker
1 Ei (M)
80 g weiche Butter
Mehl zum Arbeiten

Für die Füllung

100 g gemahlene Haselnüsse
75 g Zucker
1 EL Vanillezucker
2 TL Zimt
60 g Butter
Puderzucker zum Bestäuben

1. Das Mehl in eine Schüssel sieben und in die Mitte eine Mulde drücken. Die Milch erwärmen, die Hefe hineinbröckeln, Salz und 1 TL Zucker zugeben und unter Rühren auflösen. Die Mischung in die Mehlmulde gießen und ein wenig Mehl vom Rand unterrühren. Den Vorteig zugedeckt ca. 15 Min. an einem warmen Ort gehen lassen.

2. Restlichen Zucker, Ei und Butter in Stücken zum Vorteig geben. Alles zu einem glatten Teig verkneten, der sich vom Schüsselrand löst. Den Teig zugedeckt ca. 45 Min. an einem warmen Ort gehen lassen.

3. Inzwischen für die Füllung Haselnüsse, Zucker, Vanillezucker und Zimt vermengen. Die Butter bei niedriger Temperatur schmelzen. Den Backofen auf 190 °C Unter- und Oberhitze vorheizen. Ein Backblech mit Backpapier belegen.

4. Den Teig auf etwas Mehl kurz durchkneten und zu einem Rechteck von ca. 40 x 20 cm ausrollen. Mit der Hälfte der geschmolzenen Butter bepinseln und mit der Nuss-Zucker-Mischung bestreuen.

5. Den Teig von der Längsseite her kompakt zu einer Roulade aufrollen. Mit einem Messer in 16 Scheiben schneiden und diese auf das vorbereitete Backblech legen. Mit der übrigen Butter bepinseln und im Ofen in ca. 20 Min. goldbraun backen. Aus dem Ofen nehmen und auf einem Kuchengitter auskühlen lassen. Mit Puderzucker bestäuben.

Dinner

19:00

ANTIPASTI-VARIATIONEN

Zubereitung ca. **30 Min.**

ZUTATEN

Für 4 Portionen

Für den Pesto-Mozzarella
200 g Mini-Mozzarellakugeln
1 großes Bund Basilikum
2 EL Pinienkerne
1 EL Zitronensaft
1 EL frisch geriebener Parmesan
80 ml Olivenöl
Salz
Pfeffer aus der Mühle

Für die gefüllten Paprika
8–12 Kirschpaprikaschoten (z. B. aus einem türkischen Lebensmittelgeschäft)
200 g Ricotta
abgeriebene Schale von 1 Bio-Zitrone
Salz
Pfeffer aus der Mühle
4 EL Olivenöl

Für die Schinkenröllchen
120 g Frischkäse (Doppelrahmstufe)
Pfeffer aus der Mühle
8 Scheiben roher Schinken (120 g)

1. Für den Pesto-Mozzarella die Mozzarellakugeln abtropfen lassen. Das Basilikum waschen und trocken schütteln. Die Blätter abzupfen und mit Pinienkernen, Zitronensaft, Parmesan und Olivenöl im Mixer fein pürieren. Bei Bedarf noch etwas mehr Öl hinzufügen, sodass ein relativ flüssiges Pesto entsteht. Das Pesto mit Salz und Pfeffer abschmecken und in einer Schale mit den Mozzarellakugeln mischen.

2. Für die gefüllten Paprika den Backofen auf 200 °C vorheizen. Die Paprikaschoten waschen und die Stielansätze mit einem kleinen spitzen Messer herausschneiden, dabei auch die Samen entfernen. Den Ricotta mit der Zitronenschale verrühren und mit Salz und Pfeffer würzen. Die Ricottamasse in die Paprikas füllen. 3 EL Olivenöl in einer ofenfesten Form (ca. 25 x 20 cm) verteilen und die gefüllten Schoten hineinsetzen. Mit dem restlichen Öl beträufeln und im Ofen (Mitte) ca. 15 Min. backen, bis die Oberfläche zu bräunen beginnt. Herausnehmen und in einer Schale anrichten.

3. Inzwischen für die Schinkenröllchen den Frischkäse mit Pfeffer würzen. Je 2 Schinkenscheiben überlappend auf der Arbeitsfläche auslegen. Jeweils ein Viertel der Frischkäsemasse quer auf ein Ende geben und im Schinken einwickeln. Die Schinkenröllchen in eine ofenfeste Form oder auf einen ofenfesten Teller legen und im Ofen (Mitte) ca. 5 Min. erwärmen, bis der Schinken leicht glasig ist. Zu den Antipasti passt italienisches Landbrot oder Ciabatta sehr gut.

TIPP

Besonders gut schmeckt das Brot zu den Antipasti-Variationen, wenn man es vor dem Servieren kurz anröstet oder toastet.

AUBERGINEN-ZUCCHINI-GRATIN

Zubereitung ca. **20 Min.** | Backen ca. **50 Min.**

ZUTATEN

Für 4 Portionen

1 mittelgroße Aubergine (ca. 300 g)
1 mittelgroße Zucchini (ca. 300 g)
1 rote Paprikaschote (ca. 200 g)
2 Tomaten (ca. 200 g)
1 kleines Bund Basilikum
1 kleines Bund Thymian
1 Zwiebel
2 Knoblauchzehen
6 EL Olivenöl
200 ml Gemüsebrühe
Salz
Pfeffer aus der Mühle

1. Aubergine und Zucchini waschen, putzen und in dünne Scheiben schneiden. Die Paprikaschote halbieren, entkernen, waschen und in dünne Halbringe schneiden. Die Tomaten waschen, vom Stielansatz befreien und in dünne Scheiben schneiden. Basilikum und Thymian waschen und trocken schütteln. Einige Basilikumspitzen und 2–3 Thymianzweige für die Deko beiseitelegen. Die übrigen Blätter abzupfen und fein hacken. Die Zwiebel und 1 Knoblauchzehe schälen und in feine Würfel schneiden. Die zweite Knoblauchzehe schälen und in dünne Scheiben schneiden.

2. Gehackte Kräuter, gewürfelten Knoblauch, 3 EL Olivenöl und Brühe mit etwas Salz und Pfeffer verrühren. Die Mischung auf dem Boden einer Auflaufform (ca. 30 x 20 cm) verteilen. Den Backofen auf 200 °C vorheizen.

3. Nach und nach jeweils mehrere Auberginen- und Zucchinischeiben abwechselnd zu kleinen Türmchen aufeinanderschichten (10–15 cm hoch) und diese in die Form legen. Paprika-Halbringe, Tomaten- und Knoblauchscheiben zwischen die Gemüsescheiben stecken. Das Gemüse im Ofen (Mitte) ca. 50 Min. garen. Sollte es zu stark bräunen, gegen Ende der Garzeit mit Alufolie abdecken. Zum Servieren mit Basilikumspitzen und Thymianzweigen dekorieren. Dazu passt Reis oder Baguette.

TIPP

Überbacken Sie das Gemüse am Ende der Garzeit noch mit etwas geriebenem Parmesan oder zerbröckeltem Feta.

BLÄTTERTEIG-SCHINKEN-STANGEN

Zubereitung ca. **10 Min.** | Backen ca. **12 Min.**

ZUTATEN

Für 4 Portionen (12 Stangen)

4 Zweige Rosmarin (ersatzweise 1 TL getrockneter Rosmarin)
1 Packung frischer Blätterteig (275 g; aus dem Kühlregal)
4 EL geriebener Parmesan
Pfeffer aus der Mühle
120 g Parmaschinken (in dünnen Scheiben)
1 Eigelb
1 EL Sahne

1. Den Backofen auf 220 °C (Umluft 200 °C) vorheizen. Ein Backblech mit Backpapier auslegen. Den Rosmarin waschen und trocken tupfen, die Nadeln abzupfen und sehr fein hacken.

2. Den Blätterteig auf der Arbeitsfläche ausbreiten und dünn mit Wasser bepinseln. Die Teigplatte gleichmäßig mit Rosmarin und Parmesan bestreuen und mit Pfeffer würzen. Die Schinkenscheiben nebeneinander darauflegen und leicht andrücken. Die Platte mit einem scharfen Messer in 12 gleich breite Streifen (3,5–4 cm breit) schneiden.

3. Die Streifen nacheinander jeweils an den beiden Enden fassen und diese jeweils gegenläufig spiralförmig so eindrehen, dass der Schinken innen ist. Fertige Stangen auf das Backpapier legen.

4. Das Eigelb mit der Sahne verquirlen und die Teigstangen mit der Mischung bestreichen. Die Blätterteig-Schinken-Stangen im Ofen (Mitte) ca. 12 Min. goldgelb backen. Vom Blech nehmen und auf einem Kuchengitter lauwarm oder vollständig abkühlen lassen.

TIPP

Mit Rotwein serviert sind diese herzhaften Knabberstangen eine feine Vorspeise.

CORDON BLEU MIT SALATMIX

Zubereitung ca. **25 Min.**

ZUTATEN

Für 4 Portionen

Für das Cordon bleu

4 Schweine- oder Kalbsschnitzel (à ca. 170 g; jeweils eine Tasche vom Metzger eingeschnitten)
Salz
Pfeffer aus der Mühle
4 Scheiben gekochter Schinken (à ca. 30 g)
4 dünne Scheiben Käse (z. B. Emmentaler; à ca. 25 g)
2 EL Mehl
160 g Semmelbrösel
1 Ei (L)
60 g Butterschmalz

Für den Salat

200 g bunte Salatmischung (gewaschen und verzehrfertig)
4 Tomaten
2 EL Balsamico bianco
2 EL kalt gepresstes Öl (z. B. Nuss- oder Rapsöl)
½ TL mittelscharfer Senf
Zucker
Salz
Pfeffer aus der Mühle

Außerdem

4–8 Zahnstocher

1. Die Schnitzel trocken tupfen, dann innen und außen mit Salz und Pfeffer würzen. In die Tasche jedes Schnitzels je 1 Schinken- und 1 Käsescheibe füllen, die Taschen jeweils mit 1–2 Zahnstochern verschließen.

2. Mehl und Semmelbrösel jeweils auf einen Teller geben. Das Ei auf einem dritten Teller verquirlen. Die Schnitzel im Mehl wenden, überschüssiges Mehl wieder abklopfen. Dann die Schnitzel durch das Ei ziehen und zum Schluss in den Semmelbröseln wenden, dabei die Brösel andrücken.

3. Den Salatmix waschen und trocken schleudern. Die Tomaten waschen, von den Stielansätzen befreien und in Viertel schneiden. Den Essig mit 1 EL Wasser, Öl, Senf und 1 Prise Zucker zu einem Dressing verquirlen. Das Dressing mit Salz und Pfeffer abschmecken.

4. Das Butterschmalz in einer großen beschichteten Pfanne erhitzen und die Schnitzel darin bei mittlerer Hitze auf jeder Seite ca. 7 Min. goldbraun braten. Auf Küchenpapier entfetten, die Zahnstocher entfernen.

5. Salat und Tomaten auf vier Tellern anrichten und mit dem Dressing beträufeln. Die Cordon bleus ebenfalls auf die Teller geben.

FISCHCURRY IN WÜRZIGER KOKOSSAUCE

Zubereitung ca. **30 Min.**

ZUTATEN

Für 4 Portionen

200 g Basmatireis (oder Duftreis)
Salz
800 g Fischfilet (z. B. Rotbarsch)
1 Zwiebel
1 große Knoblauchzehe
je 1 kleine rote, gelbe und grüne Paprikaschote
1 kleine rote Chilischote
2 EL Öl
4 TL mildes Currypulver
2 EL Tomatenmark (400 g)
400 ml Gemüsebrühe
1 Dose cremige Kokosmilch (400 g)
Saft von 1 Limette
1 kleines Bund Koriandergrün (oder Petersilie)

1. Den Reis nach Packungsanweisung in Salzwasser garen, ausquellen lassen und warm halten.

2. Schon während der Reis gart, das Curry zubereiten. Dafür die Fischfilets waschen, trocken tupfen und in grobe Würfel schneiden. Zwiebel sowie Knoblauch schälen und in feine Würfel schneiden. Paprikaschoten und Chilischote längs halbieren, entkernen und waschen. Die Paprika in kleine Würfel schneiden, die Chilischote sehr fein hacken.

3. Das Öl in einem Topf erhitzen und Zwiebel mit Knoblauch darin glasig anschwitzen. Paprikastücke und Chilischote kurz mitbraten. 3 TL Currypulver und Tomatenmark hinzufügen und kurz anrösten. Alles mit der Brühe ablöschen und die Kokosmilch unterrühren. Die Sauce offen bei mittlerer Hitze ca. 5 Min. köcheln lassen. Mit Limettensaft, Salz und nochmals etwas Currypulver abschmecken.

4. Den Fisch in die Sauce geben und je nach Größe der Stücke bei schwacher Hitze 5–10 Min. darin gar ziehen lassen.

5. Inzwischen den Koriander waschen und trocken tupfen, die Blätter abzupfen und nach Belieben grob schneiden. Das Fischcurry in eine Servierschüssel füllen und mit Koriander bestreuen. Den Reis ebenfalls in eine Schüssel füllen und dazu servieren.

FISCH-TACOS MIT ROTKOHL

Zubereitung ca. **45 Min.**

ZUTATEN

Für 4 Portionen

Für die Fisch-Tacos

1 Bio-Zitrone
800 g Fischfilet (z. B. Kabeljau)
Salz
Pfeffer aus der Mühle
1 Avocado (ca. 200 g)
1 Handvoll Pflücksalat
4 Tortillafladen (Fertigprodukt aus Weizen- oder Maismehl; à ca. 20 cm Durchmesser)
1 EL Öl

Für die Saucen

200 g passierte Tomaten (aus der Packung)
2 TL brauner Zucker
1 TL Balsamico bianco
½ TL scharfes geräuchertes Paprikapulver
Salz
Pfeffer aus der Mühle
100 g saure Sahne
100 g Naturjoghurt

Für den Rotkohl

¼ kleiner Rotkohl (ca. 200 g)
¼ TL Salz
1 rote Chilischote
1 große Handvoll gemischte Kräuter (z. B. Koriander, Petersilie, Kerbel)

1. Die Zitrone heiß waschen und trocken tupfen. 1 TL Schale fein abreiben, dann die Zitrone halbieren und den Saft auspressen. Das Fischfilet waschen, trocken tupfen und mit der Hälfte des Zitronensafts beträufeln. Mit der Zitronenschale sowie Salz und Pfeffer würzen. Den Fisch beiseitestellen.

2. Für die Saucen die passierten Tomaten mit dem Zucker in einem Topf einmal aufkochen lassen, dann mit Balsamico, Paprikapulver, Salz und Pfeffer abschmecken. Die saure Sahne mit dem Joghurt verrühren, die Mischung mit etwas übrigem Zitronensaft, Salz und Pfeffer abschmecken. Beide Saucen beiseitestellen.

3. Vom Rotkohl die äußere Blattschicht entfernen. Den Kohl in feine Streifen schneiden, in einer Schüssel mit dem Salz mischen und von Hand durchkneten, damit er etwas weicher wird. Die Chilischote längs aufschneiden, entkernen, waschen und klein schneiden. Die Kräuter waschen und trocken schütteln, die Blätter abzupfen. Die Hälfte der Kräuter hacken, mit den Chilistücken unter den Kohl mischen.

4. Die Avocado halbieren und entkernen. Das Fruchtfleisch mit einem Löffel als Ganzes aus der Schale lösen und in Scheiben oder Stücke schneiden. Den Salat verlesen, waschen, trocken schleudern und eventuell kleiner zupfen.

5. Den Backofen auf 80 °C einschalten. Die Tortillafladen übereinander auf einen Teller legen und im Ofen erwärmen, dabei jedoch nicht befeuchten.

6. Das Öl in einer Pfanne erhitzen und die Fischfilets darin bei mittlerer Hitze auf jeder Seite ca. 5 Min. braten, die genaue Garzeit hängt von der Dicke der Filets ab. Den Fisch aus der Pfanne nehmen und in mundgerechte Stücke schneiden.

7. Die Fladen aus dem Ofen nehmen und sofort jeweils die Seiten nach oben biegen, sodass Taco-Schalen entstehen. Diese mit Tomatensauce, Salat, Kräutern, Rotkohl, Avocado und Fischstücken füllen. Mit der Joghurtsauce beträufeln.

FISCHFILET IN SAATENKRUSTE MIT HONIGDIP

Zubereitung ca. **30 Min.**

ZUTATEN

Für 4 Portionen

Für den Fisch

1 kg Pangasiusfilet
1 kleine rote Chilischote
Salz
Pfeffer aus der Mühle
2 TL Limettensaft
2 EL Mehl
2 Eier (L)
160 g Semmelbrösel
4 EL Saatenmischung (z. B. Kürbiskerne, helle und dunkle Sesamsamen, Sonnenblumenkerne)
4 EL Sesamöl

Für den Salat und den Dip

3 EL flüssiger, würziger Honig (z. B. Wald- oder Buchweizenhonig)
3 EL Zitronensaft
Salz
Cayennepfeffer
200 g bunte Salatmischung (gewaschen und verzehrfertig)

1. Für den Fisch das Pangasiusfilet waschen und trocken tupfen. Dann in 12 möglichst gleichmäßig große Stücke schneiden, dabei nach Belieben die Ränder für rechteckige Stücke gerade schneiden. Die Chilischote längs aufschneiden, entkernen, waschen und sehr fein hacken. Die Fischstücke auf jeder Seite mit gehackter Chili, Salz und Pfeffer würzen und mit dem Limettensaft beträufeln.

2. Für die Panade das Mehl auf einen Teller geben. Die Eier in einem tiefen Teller verquirlen. Die Semmelbrösel mit den Saaten auf einem weiteren Teller gut mischen. Die Fischfilets zunächst im Mehl wenden, dabei überschüssiges Mehl wieder abklopfen. Dann den Fisch durch das verquirlte Ei ziehen und zuletzt rundum mit der Brösel-Saaten-Mischung panieren, dabei die Panade gut andrücken.

3. Das Sesamöl in einer großen beschichteten Pfanne erhitzen und die Fischfilets darin bei mittlerer Hitze auf beiden Seiten in je 4–5 Min. goldbraun braten.

4. Nebenher für den Dip Honig mit Zitronensaft sowie etwas Salz und Cayennepfeffer verrühren. Den Dip in vier kleine Schälchen verteilen.

5. Den Fisch auf Küchenpapier entfetten und zusammen mit dem Salat auf vier Tellern oder Servierbrettern anrichten. Jeweils ein Dipschälchen dazustellen – der Dip schmeckt sowohl über den Salat geträufelt als auch zum Fisch.

GEBRATENE SHERRY-GARNELEN MIT KNOBLAUCH

Zubereitung ca. **40 Min.** | Kühlen ca. **1 Std.** | Backen ca. **15 Min.**

ZUTATEN

Für 4 Portionen

24 rohe Riesengarnelen (ohne Kopf, bis auf den Schwanzfächer geschält)
8 Knoblauchzehen
1 kleine rote Chilischote (nach Belieben, je nach gewünschter Schärfe)
100 ml Olivenöl
60 ml trockener Sherry
Fleur de Sel (Meersalzflocken)
Pfeffer aus der Mühle
1 Stiel Petersilie
1 Bio-Zitrone

Außerdem

24 Zahnstocher (nach Belieben)

1. Die Garnelen auf einem Sieb abbrausen und abtropfen lassen. Den Knoblauch schälen und in dünne Scheiben schneiden. Falls verwendet, die Chilischote längs aufschneiden, entkernen, waschen und klein schneiden.

2. So viel Olivenöl in eine Pfanne geben, dass es ca. ½ cm hoch darin steht, und erhitzen. Knoblauchscheiben und Chili in das Öl geben und bei mittlerer Hitze ca. 1 Min. anbraten, dann mit einem Schaumlöffel herausnehmen und auf einem Teller beiseitestellen. Die Garnelen in das Öl geben und ca. 8 Min. garen, dabei zwischendurch wenden. Knoblauch und Chili wieder dazugeben, mit Sherry ablöschen und alles noch ca. 2 Min. weitergaren. Mit Fleur de Sel und Pfeffer würzen.

3. Zum Servieren die Petersilie waschen und trocken tupfen, die Blätter abzupfen. Die Zitrone heiß waschen, trocken reiben und längs vierteln. Die Garnelen mitsamt dem Sud auf vier Schalen verteilen, nach Belieben in jede Garnele einen Zahnstocher stecken. Mit Petersilienblättern garnieren und die Zitronenviertel zum Beträufeln dazureichen.

TIPP

Dazu passen knusprig geröstete Baguettescheiben und ein trockener Weißwein.

HÄHNCHENROLLEN MIT SPINATPESTO

Zubereitung ca. **30 Min.**

ZUTATEN

Für 4 Portionen

Für die Rollen

100 g junger Blattspinat (Babyspinat)
1 kleine Knoblauchzehe
80 ml Olivenöl
2 EL Pinienkerne
1 TL Zitronensaft
1 EL geriebener Parmesan
Salz
Pfeffer aus der Mühle
4 große Hähnchenschnitzel (à ca. 200 g; aus Brustfilet; möglichst dünn geschnitten)
1 Kugel Mozzarella (125 g)
1 EL Öl zum Braten
100 ml Geflügel- oder Gemüsebrühe

Außerdem

1 kleine Paprikaschote (oder 2 Kirschpaprikaschoten)
4–8 Salatblätter (z. B. Batavia)
4 Stiele glatte Petersilie
evtl. 4 Zahnstocher

1. Den Spinat waschen und trocken schleudern. Den Knoblauch schälen und etwas kleiner schneiden. Spinat mit Knoblauch, Olivenöl, Pinienkernen und Zitronensaft im Mixer fein pürieren. Es sollte ein dickflüssiges Pesto entstehen, bei Bedarf noch etwas mehr Olivenöl untermixen. Den Parmesan unterrühren und das Pesto mit Salz und Pfeffer abschmecken.

2. Die Hähnchenschnitzel waschen, mit Küchenpapier trocken tupfen und flach auf einem Schneidebrett auslegen. Den Mozzarella in dünne Scheiben schneiden. Jedes Schnitzel mit einem Viertel des Pestos dick bestreichen und auf einer schmalen Seite mit einem Viertel der Mozzarellascheiben belegen. Die Schnitzel, von der mit Käse belegten Seite beginnend, vorsichtig aufrollen, das Ende eventuell mit einem Zahnstocher fixieren.

3. Das Öl in einer Pfanne mit Deckel oder einem Schmortopf erhitzen. Die Hähnchenrollen darin bei mittlerer Hitze rundum kurz hell anbraten. Die Brühe angießen und die Rollen mit geschlossenem Deckel in ca. 10 Min. durchgaren.

4. Inzwischen die Paprikaschote waschen und in dünne Ringe schneiden, dabei den Stielansatz und die Samenstränge entfernen. Den Salat waschen und trocken schütteln. Die Petersilie waschen und trocken tupfen, die Blätter abzupfen. Vier Teller mit den Salatblättern auslegen. Die Paprikaringe und die Petersilienblätter als Dekoration auf den Tellerrändern verteilen. Die Hähnchenrollen auf den Salatbetten anrichten, nach Belieben zuvor quer halbieren. In der Pfanne oder dem Topf verbliebenen Garsud mit einem Löffel darüberträufeln. Dazu passen Reis, helles Weizenbrot oder auch Backofenpommes.

ASIA-HÄHNCHENSPIESSE

Zubereitung ca. **20 Min.** | Marinieren ca. **20 Min.** | Garen ca. **10 Min.**

ZUTATEN

Für 4 Portionen

2 Knoblauchzehen
1 Stück Ingwer (2 cm)
1 EL Sojaöl
1 rote Chilischote
2 EL Sojasauce
2 EL Fischsauce
1 TL brauner Zucker
1–2 EL Limettensaft
500 g Hähnchenbrustfilets (ohne Haut)
1–2 EL Erdnussöl
grob gehacktes Koriandergrün zum Bestreuen
2 Limetten, in Spalten geschnitten

1. Knoblauch und Ingwer schälen und beides fein würfeln. In einer Pfanne das Sojaöl erhitzen und die Knoblauch- und Ingwerwürfel darin unter Rühren hell anschwitzen.

2. Die Chilischote putzen, waschen, fein hacken und die Hälfte davon zugeben. Sojasauce und Fischsauce unterrühren und noch ca. 2 Min. mitköcheln lassen. Die Pfanne vom Herd nehmen, Zucker und Limettensaft unterrühren und die Marinade beiseitestellen.

3. Einen Grill anheizen. Die Hähnchenbrustfilets abbrausen, trocken tupfen und in schmale Streifen schneiden. Mit der Marinade mischen, dann die Fleischstreifen wellenförmig auf Spieße stecken.

4. Den Grillrost leicht ölen, die Spieße auflegen und 6–8 Min. unter gelegentlichem Wenden rundherum grillen, bis sie leicht gebräunt sind. Zum Servieren mit restlichen Chilistücken und Koriandergrün bestreuen. Die Limettenspalten dazureichen.

TIPP

Zusammen mit einem Erdnussdip sind diese Hähnchenspieße ein Gedicht. Dazu einfach 6 EL Erdnussbutter (aus dem Glas) mit 2 EL Zitronensaft und 4 EL Naturjoghurt verrühren. Dann 3–4 EL Wasser hinzufügen, sodass ein cremiger Dip entsteht. Mit Salz und Cayennepfeffer abschmecken und in vier kleine Schüsselchen füllen.

LACHS MIT SPINAT UND SAUCE TATAR

Zubereitung ca. **40 Min.** | Garen ca. **25 Min.**

ZUTATEN

Für 4 Portionen

Für die Sauce Tatar
2 Eier (M)
1 Schalotte
4 EL Mayonnaise
2 EL saure Sahne
1 EL Kapern
1–2 kleine Gewürzgurken
½ TL mittelscharfer Senf
2 EL Zitronensaft
Salz
weißer Pfeffer
gehackte Kräuter zum Bestreuen

Für den Lachs
500 g Lachsfilet am Stück
2 EL Traubenkernöl
Meersalz
4 Spalten Zitrone

Für den Spinat
400 g Babyspinat
1 Knoblauchzehe
2 EL Olivenöl
1 EL Butter
Salz
½ TL Pfeffer, grob geschrotet
Muskat

1. Für die Sauce Tatar die Eier hart kochen. Die Schalotte schälen und fein hacken. Mayonnaise und saure Sahne vermischen, die Kapern hacken und mit den Schalotten zufügen. Die Gurken sehr fein würfeln. Die Eier pellen, fein würfeln und beides zugeben. Alles miteinander vermengen, mit Senf, Zitronensaft, Salz und Pfeffer abschmecken.

2. Den Backofen auf 180 °C Ober- und Unterhitze vorheizen. Den Lachs waschen, trocken tupfen und mit der Haut nach unten auf ein Backblech mit Backpapier legen. Mit Öl bepinseln, salzen und im Ofen ca. 15 Min. garen.

3. Den Spinat verlesen, gründlich waschen und abtropfen lassen. Den Knoblauch schälen und fein hacken. Das Öl und die Butter in einem großen Topf erhitzen und den Spinat darin zusammenfallen lassen. Den Knoblauch dazugeben und weitergaren, bis die Flüssigkeit im Topf verdampft ist. Mit Salz, Pfeffer und Muskat abschmecken.

4. Den Lachs auf dem Spinat anrichten und mit etwas Sauce Tatar beträufeln. Mit Kräutern bestreut servieren. Die Zitronenspalten dazureichen.

Ich liebe die Silvesterpartys im »Mauerwerk«.

Sunny Richter

KLASSISCHE LASAGNE

Zubereitung ca. **30 Min.** | Garen/Backen ca. **1 Std. 10 Min.**

ZUTATEN

Für 4 Portionen

Für die Fleischsauce

1 Zwiebel
2 Knoblauchzehen
400 g Rinderhackfleisch
2 EL Olivenöl
2 EL Tomatenmark
125 ml trockener Rotwein
250–300 ml Fleisch- oder Gemüsebrühe
½ TL getrockneter Oregano
½ TL getrockneter Thymian
Salz
Pfeffer aus der Mühle

Für die Béchamelsauce

30 g Butter
2 EL Mehl
500 ml Milch
Salz
Pfeffer aus der Mühle
Muskat

Außerdem

8–10 Lasagne-Nudelplatten (getrocknet, ohne Vorkochen)
100 g geriebener Emmentaler
2 EL fein geriebener Parmesan
Basilikumblätter zum Garnieren

1. Zwiebel und Knoblauch schälen und fein hacken. Das Hackfleisch im heißen Olivenöl krümelig und leicht gebräunt braten. Zwiebel und Knoblauch kurz mitschwitzen, bis sie glasig sind. Das Tomatenmark unterrühren, mit dem Wein ablöschen. Die Brühe angießen, mit Oregano, Thymian, Salz und Pfeffer würzen und die Sauce in etwa 20 Min. dicklich einkochen lassen.

2. Für die Béchamelsauce Butter und Mehl in einem heißen Topf farblos anschwitzen. Unter Rühren die Milch zugießen. Etwa 5 Min. unter Rühren durchkochen, dann mit Salz, Pfeffer und Muskat abschmecken.

3. Den Backofen auf 200 °C Ober- und Unterhitze vorheizen. Etwas Béchamelsauce auf dem Boden einer Auflaufform verteilen. Mit Nudelplatten auslegen, etwas Fleischsauce darauf verteilen, mit weißer Sauce bestreichen und so alle Zutaten einschichten. Mit Béchamelsauce abschließen.

4. Den Käse mit dem Parmesan mischen und auf die Lasagne streuen. Im heißen Ofen (Mitte) ca. 45 Min. goldbraun backen. Herausnehmen, einige Minuten abkühlen lassen, dann in Stücke schneiden und anrichten. Mit Basilikumblättern garniert servieren.

KLEINE ZUCCHINI-TARTELETTS

Zubereitung ca. **25 Min.** | Backen ca. **30 Min.**

ZUTATEN

Für 4 kleine Tartelettförmchen (12–15 cm Durchmesser)

Butter für die Formen
200 g Blätterteig (Kühltheke)
2 Zucchini
1 Knoblauchzehe
1 EL Rapsöl
200 g Ricotta
100 g Sahne
3 Eier
½ TL getrockneter Thymian
40 g fein geriebener Parmesan
Salz
Pfeffer aus der Mühle
Muskat
2 EL Pinienkerne
Sahne zum Bepinseln
frische Thymianblättchen zum Bestreuen

1. Den Backofen auf 200 °C Ober- und Unterhitze vorheizen. Vier kleine Tartelettförmchen (12–15 cm Durchmesser) leicht ausbuttern. Den Blätterteig entrollen, in vier Quadrate schneiden und die Formen damit auslegen.

2. Die Zucchini waschen und putzen. Eine halbe Zucchini in feine Scheiben hobeln und beiseitestellen, den Rest grob raspeln. Den Knoblauch schälen und fein hacken. In heißem Öl kurz anschwitzen, die geraspelten Zucchini untermengen und 2–3 Min. anschwitzen, bis die Flüssigkeit verdampft ist. Vom Herd nehmen und ein wenig abkühlen lassen.

3. Ricotta, Sahne, Eier, Thymian und Parmesan vermengen und mit Salz, Pfeffer und Muskat würzen. Die geraspelten Zucchini untermengen und die Masse abschmecken. Auf dem Blätterteig verteilen, glatt streichen und mit den Zucchinischeiben belegen.

4. Die Pinienkerne grob hacken und auf die Tarteletts streuen. An den Ecken die Teigoberfläche mit Sahne bepinseln. Die Tarteletts im vorgeheizten Backofen (Mitte) ca. 30 Min. goldbraun backen. Herausnehmen, kurz abkühlen lassen, mit Thymianblättchen bestreuen und servieren.

TIPP

Die Zucchini-Tartellets müssen nicht sofort verzehrt werden, sondern können auch in Viertel geschnitten bei einem Buffet oder als Partysnack serviert werden.

RINDERSTEAK MIT GRILLGEMÜSE

Zubereitung ca. **40 Min.** | Marinieren mind. **1 Std.** | Garen ca. **10 Min.**

ZUTATEN

Für 4 Portionen

Für die Steaks
250 ml Dunkelbier
1 Bio-Zitrone; Schale und Saft
1 EL Zucker
1 TL mittelscharfer Senf
1–2 (frische) Lorbeerblätter
1 TL grob geschrotete Pfefferkörner
1 Msp. gemahlener Piment
4 Rumpsteaks
Öl zum Bepinseln
6–8 Schnittlauchhalme
Salz
Pfeffer aus der Mühle

Für das Grillgemüse
250 g Cocktailtomaten
2 grüne Paprikaschoten
Öl zum Bepinseln
Kräutersalz

Außerdem
1 Handvoll Basilikum
1–2 EL Mayonnaise
2 EL Joghurt
1–2 EL Zitronensaft
Salz
weißer Pfeffer

1. Für die Marinade das Bier mit Zitronensaft, Zitronenschale, Zucker, Senf, Lorbeerblättern, Pfeffer und Piment mischen. Das Fleisch abbrausen, trocken tupfen und mit der Marinade bepinseln. Mit Folie verschließen und mindestens 1 Std. kalt gestellt marinieren.

2. Für das Grillgemüse die Tomaten waschen und trocken tupfen. Die Paprika waschen, putzen und in breite Spalten schneiden. Dünn mit Öl bepinseln und mit Kräutersalz würzen. Das Basilikum waschen und trocken schütteln. Mit Mayonnaise, Joghurt und Zitronensaft sehr fein pürieren. Den Kräuterdip mit Salz und Pfeffer abschmecken.

3. Die Steaks aus der Marinade nehmen und trocken tupfen. Dünn mit Öl einpinseln und auf dem heißen Grill 3–4 Min. auf jeder Seite garen. Die Steaks je nach gewünschtem Gargrad und Dicke an den Rand des Grills legen und einige Minuten nachziehen lassen.

4. Den Schnittlauch waschen, trocken schütteln und die Hälfte in Röllchen schneiden. Den Rest in fingerlange Stücke schneiden. Das Grillgemüse auf dem heißen Grill 2–3 Min. garen. Die Steaks salzen und pfeffern. Mit dem Gemüse auf Tellern anrichten. Mit Schnittlauchröllchen bestreuen und die Halme dekorativ auflegen. Den Kräuterdip dazureichen.

SCHWEINEMEDAILLONS MIT PÜREE UND PILZEN

Zubereitung ca. **40 Min.** | Garen ca. **20 Min.**

ZUTATEN

Für 4 Portionen

Für das Püree

750 g mehlig kochende Kartoffeln
Salz
200 ml Milch
40 g Butter
weißer Pfeffer
Muskat

Für die Medaillons

750 g Schweinefilet
250 g braune Champignons
1 EL Butterschmalz
Meersalz
Pfeffer aus der Mühle
2 EL Zitronensaft
1 Msp. fein abgeriebene Bio-Zitronenschale

1. Die Kartoffeln schälen, waschen und in Stücke schneiden. In etwas kochendem Salzwasser zugedeckt in ca. 20 Min. weich garen. Den Backofen auf 100 °C Umluft vorheizen.

2. Das Schweinefilet abbrausen, trocken tupfen und in 8 Stücke schneiden. Die Pilze putzen und in Scheiben schneiden. Das Butterschmalz erhitzen und das Fleisch darin auf beiden Seiten kurz braun anbraten. Herausheben und im Ofen (Mitte) weitere ca. 8 Min. rosa garen.

3. Die Pilze in die Pfanne geben und unter gelegentlichem Wenden braun anbraten. Mit Salz, Pfeffer, Zitronensaft und Zitronenschale würzen. Die Milch mit der Butter erwärmen. Die Kartoffeln abgießen und direkt in die heiße Milch pressen. Mit Salz, Pfeffer und Muskat abschmecken.

4. Das Fleisch salzen und pfeffern. Mit dem Püree und den Pilzen auf vorgewärmten Tellern anrichten.

TIPP

Für eine pikante Note kann man noch etwas gebratenen Lauch über das Püree geben. Dafür eine halbe Lauchstange waschen, in Ringe schneiden und diese in einer geölten Pfanne goldgelb braten. Dann herausnehmen und auf einem Küchenpapier abtropfen lassen.

SHAKSHUKA

Zubereitung ca. **20 Min.** | Garen ca. **20 Min.**

ZUTATEN

Für 4 Portionen

1 rote Chilischote
1 Knoblauchzehe
1 Zwiebel
3 EL Olivenöl
1 TL gemahlener Kreuzkümmel
400 g geschälte, gehackte Tomaten (Dose)
Salz
Pfeffer aus der Mühle
1 Msp. brauner Zucker
4 Eier (M)
2–3 Stängel Petersilie

1. Den Backofen auf 220 °C Ober- und Unterhitze vorheizen. Die Chilischote waschen, putzen und fein hacken. Knoblauch und Zwiebel schälen und beides fein hacken. Das Öl in eine ofenfeste Pfanne geben, erhitzen und Zwiebel, Knoblauch und Chili darin anbraten.

2. Mit Kreuzkümmel bestreuen und diesen kurz mitbraten. Die Tomaten dazugeben, salzen, pfeffern und mit Zucker würzen. Ca. 5 Min. offen etwas einköcheln lassen und abschmecken. Die Pfanne vom Herd ziehen und mit einem Löffel vier Mulden in die Tomatensauce drücken.

3. Die Eier einzeln aufschlagen und in die Mulden gleiten lassen. Die Pfanne in den Ofen schieben (Mitte) und die Eier in 8–10 Min. stocken lassen. Die Petersilie waschen, trocken schütteln und die Blättchen grob hacken. Die Pfanne aus dem Ofen nehmen. Alles leicht salzen, pfeffern, mit Petersilie bestreuen und sofort servieren.

TIPP

Dieses Gericht wird traditionell oft direkt aus der Pfanne mit Weißbrot oder Pita genossen.

SPAGHETTI ALLE VONGOLE

Zubereitung ca. **20 Min.** | Garen ca. **15 Min.**

ZUTATEN

Für 4 Portionen

600 g Herzmuscheln
2 Möhren
1 Stange Staudensellerie
2 Schalotten
1 Knoblauchzehe
500 g Spaghetti
Meersalz
2–3 EL Olivenöl
125 ml trockener Weißwein
125 ml Gemüsebrühe
1 EL Butter
Pfeffer aus der Mühle
Zitronensaft

1. Die Muscheln gründlich waschen und putzen. Geöffnete Muscheln, die sich auf leichten Druck hin nicht mehr schließen, wegwerfen, denn sie könnten bereits verdorben sein.

2. Die Möhren schälen und in sehr kleine Würfel schneiden. Den Staudensellerie waschen, putzen und in dünne Scheiben schneiden. Schalotten und Knoblauch schälen und beides fein würfeln.

3. Die Spaghetti in reichlich kochendem Salzwasser bissfest garen. Inzwischen das Öl in einem großen Topf erhitzen. Möhren, Sellerie, Schalotten und Knoblauch darin farblos anschwitzen. Mit Wein und Brühe ablöschen und 1–2 Min. kochen lassen.

4. Die Muscheln zugeben und alles zugedeckt 3–4 Min. fertig garen. Muscheln, die sich beim Garen nicht geöffnet haben, aussortieren und wegwerfen, denn sie könnten bereits verdorben sein.

5. Inzwischen die Butter klein schneiden. Dann die Nudeln abgießen, kurz abtropfen lassen und mit der Butter unter die Muscheln mischen. Die Spaghetti mit Salz, Pfeffer und Zitronensaft abschmecken. Auf tiefen vorgewärmten Tellern anrichten und servieren.

SPINAT-TAGLIATELLE

Zubereitung ca. **15 Min.** | Garen ca. **15 Min.**

ZUTATEN

Für 4 Portionen

2 Knoblauchzehen
2 Schalotten
500 g Blattspinat
500 g Tagliatelle
Salz
60 ml Olivenöl
1 EL Butter
1–2 EL Crème fraîche
Pfeffer aus der Mühle
Muskat
1 Handvoll Basilikum
40 g Kapern
4 kleine Cocktailtomaten
2 EL fein geriebener Parmesan

1. Knoblauch und Schalotten schälen und beides fein hacken. Den Spinat verlesen, gründlich waschen und abtropfen lassen. In einen großen Topf geben und bei großer Hitze zusammenfallen lassen, dabei gelegentlich wenden. In ein Sieb geben, abschrecken und abtropfen lassen.

2. Die Nudeln in reichlich kochendem Salzwasser bissfest garen. Inzwischen den Spinat ausdrücken und hacken. Das Öl mit der Butter erhitzen, Knoblauch und Schalotten darin glasig anschwitzen. Den Spinat zugeben und mitbraten. Die Crème fraîche untermischen und alles mit Salz, Pfeffer und Muskat abschmecken.

3. Das Basilikum waschen, trocken schütteln und hacken, dann unter den Spinat mischen. Die Kapern abtropfen lassen. Die Tomaten waschen und vierteln. Die Nudeln abgießen, kurz abtropfen lassen und mit dem Spinat vermischen. Mit Kapern, Tomaten und Parmesan bestreuen und servieren.

Das alte »Mauerwerk« war total cool, aber was Leon jetzt aus dem neuen gemacht hat – Respekt!

John Bachmann

NUDELTASCHEN MIT RICOTTA-KRÄUTER-FÜLLUNG

Zubereitung ca. **45 Min.** | Ruhen ca. **1 Std.** | Garen ca. **15 Min.**

ZUTATEN

Für 4 Portionen

Für den Nudelteig
200 g Mehl
100 g Hartweizengrieß
1 TL Salz
3 Eier (M)
2 EL Olivenöl
Mehl zum Arbeiten

Für die Füllung
2–3 Handvoll gemischte Kräuter (z. B. Basilikum, Minze, Rosmarin, Petersilie, Rucola)
1 Knoblauchzehe
2 Schalotten
2–3 EL Olivenöl
200 g Ricotta
2 Eier (M)
1 Bio-Zitron
Salz
Pfeffer aus der Mühle
Muskat

Außerdem
1–2 EL Knoblauch-Olivenöl
40 g Butter
Basilikum zum Garnieren

1. Das Mehl mit Grieß und Salz vermischen. Eier und Olivenöl zugeben und alles mit den Knethaken des Handrührgeräts zu einem nicht mehr klebenden, glatten Teig verkneten. Den Teig in Frischhaltefolie einschlagen, 1 Std. kalt stellen.

2. Die Kräuter verlesen, waschen, trocken schütteln und die Blättchen fein hacken. 1 EL davon zum Garen beiseitestellen. Knoblauch und Schalotten schälen und fein hacken. In heißem Öl glasig anschwitzen, vom Herd nehmen und auskühlen lassen. Ricotta mit 1 Ei, Schalotten, Knoblauch und Kräutern verrühren. Die Zitrone heiß waschen, trocken reiben, etwas Schale fein abreiben und die Frucht auspressen. Die Ricottamasse mit Zitronensaft, Zitronenschale, Salz, Pfeffer und Muskat würzen.

3. Den Teig in 2 Portionen teilen und beide auf einer mit Mehl bestäubten Arbeitsfläche mit einem Nudelholz in 1 mm dünne Bahnen ausrollen. Das übrige Ei mit 1 EL Wasser verquirlen und eine Teigplatte damit einstreichen.

4. Die Füllung in einen Spritzbeutel mit großer Lochtülle geben und mit etwas Abstand zueinander kleine Häufchen auf den Teig spritzen. Das Ganze mit der zweiten Teigplatte bedecken und den Teig in den Zwischenräumen jeweils gut aufeinanderdrücken. Die Nudeltaschen mit einem Kreisausstecher (5–6 cm Durchmesser oder Glas) ausstechen. Die Teigreste erneut miteinander verkneten, ausrollen und weitere Teigtaschen herstellen.

5. Reichlich Salzwasser zum Kochen bringen und die Teigtaschen darin ca. 3 Min. garziehen lassen, bis sie oben schwimmen. Inzwischen das Knoblauch-Olivenöl mit der Butter erhitzen. Die beiseitegestellten Kräuter untermischen. Die fertigen Teigtaschen mit einem Schaumlöffel aus dem Kochwasser heben, kurz abtropfen lassen und in der Kräuterbutter durchschwenken. Mit Basilikum garniert servieren. Dazu passt Salat.

Drinks

22:00

ANANASCOCKTAIL

Zubereitung ca. **10 Min.**

ZUTATEN

Für 4 Gläser (à ca. 220 ml Inhalt)

4 Scheiben Ananas (ca. 1 cm dick, mit Strunk und Schale ca. 400 g)
4 Minzespitzen
1 Limette (ersatzweise ½ Zitrone)
400 g Eiswürfel
4 TL Rohrohrzucker
200 ml weißer Zuckerrohrschnaps (Cachaça)
Strohhalme (nach Belieben)

1. Aus den Ananasscheiben jeweils den Strunk aus der Mitte herausschneiden. Eine Scheibe mit Schale in kleine Dreiecke schneiden und diese für die Deko beiseitestellen. Die übrige Ananas schälen und grob schneiden. Die Minzespitzen waschen, trocken tupfen und beiseitestellen.

2. Die Limette halbieren und den Saft auspressen. Die Eiswürfel in einen Gefrierbeutel geben und diesen in ein Küchenhandtuch wickeln, dann die Eiswürfel mit einem Fleischklopfer grob zerstoßen.

3. Die Ananasstücke mit Zucker, Limettensaft, Zuckerrohrschnaps und zerstoßenen Eiswürfeln im Mixer fein pürieren.

4. Den Cocktail auf Gläser verteilen, nach Belieben Strohhalme hineinstecken. Die Gläser zum Servieren mit den beiseitegelegten Ananasstücken und den Minzespitzen auf einem Tablett oder Brett anrichten.

TIPPS

- Für einen alkoholfreien Ananascocktail einfach Orangensaft statt Schnaps verwenden.
- Anstelle von Eiswürfeln können Sie natürlich auch fertiges Crushed Ice verwenden, das es mittlerweile häufig an Tankstellen oder in größeren Supermärkten zu kaufen gibt.

CREMIGER KAFFEE-SCHOKO-COCKTAIL

Zubereitung ca. **10 Min.**

ZUTATEN

Für 4 Cocktailgläser (à ca. 150 ml Inhalt)

Für den Cocktail

400 ml kalter Kaffee (stark zubereitet und im Kühlschrank gut durchgekühlt)
6 cl Kaffeelikör
6 cl weißer Crème de Cacao
40 g Sahne
4 cl Schokoladensirup
1 Prise Zimtpulver

Für den Glasrand

4 TL fein gemahlener Kaffee
50 ml weißer Crème de Cacao

1. Für den Glasrand jeweils gemahlenen Kaffee und Crème de Cacao in einen tiefen Teller geben. Die Cocktailgläser nacheinander mit dem Glasrand zuerst in den Crème de Cacao und anschließend in den Kaffee drücken. Dabei jeweils vor dem Umdrehen leicht an das Glas klopfen, um nicht anhaftenden Kaffee zu entfernen.

2. Kaffee, Kaffeelikör, Crème de Cacao, Sahne, Schokoladensirup und Zimtpulver im Mixer zu einem cremigen Cocktail verquirlen. Den Cocktail vorsichtig auf die Gläser verteilen, dabei darauf achten, den Kaffeerand nicht zu berühren.

… cremig, schokoladig, aromatisch!

ERDBEER-LIMETTEN-COCKTAIL

Zubereitung ca. **10 Min.**

ZUTATEN

Für 4 Gläser (à ca. 250 ml Inhalt)

4 Stiele Minze
1 Bio-Limette
100 g Erdbeeren
100 ml Limettensaft
60 g weißer Zucker
160 ml weißer Rum
16 Eiswürfel
200 ml Mineralwasser (mit Kohlensäure)
Strohhalme (nach Belieben)

1. Die Minze waschen und trocken schütteln. Die Spitzen jeweils abbrechen und für die Deko beiseitelegen. Von der übrigen Minze die Blätter abzupfen. Die Limette heiß waschen, trocken reiben und in dünne Scheiben schneiden. Die Erdbeeren putzen, waschen und in Stücke schneiden.

2. Minzeblätter, Limettensaft und Zucker gleichmäßig in vier Gläser verteilen und gut durchrühren, bis sich der Zucker aufgelöst hat. Die Limettenscheiben in die Gläser geben. Den Rum darübergießen, 3–4 Eiswürfel und je ein Viertel der Erdbeeren in jedes Glas geben. Mit Mineralwasser aufgießen und mit Minzespitzen dekorieren. Nach Belieben Strohhalme hineinstecken.

Zu einer guten Party gehören gute Drinks! Unsere sind die besten.

Leon Moreno

GRAPEFRUIT-SPRIZZ

Zubereitung ca. **15 Min.**

ZUTATEN

Für 4 Gläser (à ca. 150 ml Inhalt)

2 rosa Grapefruits
4 kleine Zweige Rosmarin
2 Handvoll Eiswürfel
4 EL Vanillesirup
4 cl weißer Rum
500 ml trockener Sekt (gut gekühlt)

1. Die Grapefruits halbieren. Aus einer Mitte eine dünne Scheibe herausschneiden, diese vierteln und für die Garnitur beiseitelegen. Aus den Grapefruitresten vier kleine Spalten herausschneiden und in Cocktailgläser verteilen. Die restlichen Früchte auspressen. Den Rosmarin waschen und trocken schütteln.

2. Den Grapefruitsaft (ca. 100 ml) in einem Cocktailshaker mit Eiswürfeln, Sirup und Rum mischen. Durch ein Barsieb in die Cocktailgläser füllen. Mit dem Sekt auffüllen. An den Rand jedes Glases eine Viertelscheibe Grapefruit stecken und die Cocktails mit dem Rosmarin garnieren.

Bei Konzerten im »Mauerwerk« ist der ganze Kiez am Start. Mein Favorit: das Konzert von Tim Bendzko!

Lilly Seefeld

KOKOS-ANANAS-COCKTAIL

Zubereitung ca. **30 Min.**

ZUTATEN

Für 4 Gläser (à ca. 175 ml Inhalt)

4 kleine Kokosnüsse
1 Limette
200 ml Kokosmilch
60 ml Kokossirup
8 cl weißer Rum
200 ml Ananassaft
1–2 Handvoll Crushed Ice (oder Eiswürfel)
Strohhalme

1. Die Kokosnüsse im oberen Bereich anbohren und das Kokoswasser durch ein Sieb in eine Schüssel ablaufen lassen. Dann von den Kokosnüssen jeweils einen kleinen Deckel absägen. Die Limette halbieren und auspressen.

2. Aufgefangenes Kokoswasser mit Kokosmilch, Kokossirup, Limettensaft, Rum, Ananassaft und Eis in einen Standmixer geben und fein mixen. Die Mischung durch ein Barsieb in die Kokosnüsse füllen. Seitlich ins Kokosfleisch einen Zahnstocher spießen und je einen Kokosdeckel darauf fixieren. Mit Strohhalmen servieren.

TIPP

Für ein intensiveres Ananasaroma können 2 Scheiben Ananas (frisch oder aus der Dose) klein geschnitten und zusammen mit den Flüssigkeiten in den Mixer gegeben werden.

MOJITO

Zubereitung ca. **10 Min.**

ZUTATEN

Für 4 Gläser
(à ca. 150 ml Inhalt)

4 Zweige Minze
2 Limetten
4 TL brauner Zucker
24 cl weißer Rum
120 ml Sodawasser
Eiswürfel nach Belieben

1. Die Minze waschen, trocken schütteln, die Spitzen abzupfen und zum Garnieren beiseitelegen, die restlichen Blätter von den Stielen zupfen. Die Limetten waschen, trocken reiben und in Spalten oder Stücke schneiden.

2. Die Limettenspalten in vier Cocktailgläser geben und mit dem Zucker bestreuen. Nach Belieben jeweils 1–2 Minzeblätter ergänzen und das Ganze im Glas mit einem Stößel oder Löffel leicht andrücken und umrühren, sodass Limettensaft aus den Spalten austritt und sich der Zucker auflöst.

3. Jedes Cocktailglas mit 6 cl weißem Rum und ca. 3 EL Sodawasser auffüllen. Die Drinks nach Belieben mit einigen Eiswürfeln ergänzen und mit den Minzespitzen garnieren. Sofort servieren.

TIPP

Für einen Erdbeer-Mojito einfach 2 Handvoll Erdbeeren mit ½ TL Zucker pürieren, auf die zerstoßenen Limetten geben und nochmals gut umrühren. Dann mit Rum und Sodawasser auffüllen.

TEQUILA SUNRISE

Zubereitung ca. **10 Min.**

ZUTATEN

Für 4 Gläser (à ca. 200 ml Inhalt)

1 Bio-Orange
250–300 ml Orangensaft
16 cl Tequila
6–8 EL Grenadine
Eiswürfel nach Belieben
4 Cocktailkirschen

1. Die Orange heiß waschen, trocken reiben, für die Garnitur aus der Mitte vier dünne Scheiben schneiden, den Rest der Frucht auspressen und den Saft mit dem übrigen Orangensaft mischen.

2. Jeweils ca. 75 ml Orangensaft und 4 cl Tequila in vier hohe Cocktailgläser füllen. 1–2 EL Grenadine behutsam daraufgeben und nicht umrühren, damit ein schöner Farbeffekt (Sonnenuntergang) entsteht!

3. Nach Belieben Eiswürfel ergänzen und die Cocktails mit jeweils 1 Orangenscheibe und Cocktailkirsche garnieren. Sofort servieren.

Die Mauerflower-Festivals sind legendär. Party, die ganze Nacht!

Philip Höfer

MODERNER OLD-FASHIONED-COCKTAIL

Zubereitung ca. **10 Min.**

ZUTATEN

Für 4 Gläser (à ca. 150 ml Inhalt)

4 Stück Würfelzucker
3–4 TL Angosturabitter
20 cl Bourbon (oder anderer Whiskey)
Eiswürfel
4 Stücke Bio-Orangenschale
4 Cocktailkirschen

1. Den Würfelzucker mit dem Angostura tränken und in vier Tumbler verteilen. Jeweils 5 cl Whiskey dazugießen und den getränkten Zuckerwürfel im Glas mit einem Barstößel zerdrücken.

2. Die Tumbler mit Eis auffüllen und umrühren, bis es zu schmelzen beginnt. Nochmals mit Eis auffüllen und rühren, bis das Glas bis kurz unter den Rand mit Flüssigkeit gefüllt ist.

3. Jeweils 1 Stück Orangenschale über einem Glas zusammendrücken, sodass das ätherische Öl der Orangenschale in den Cocktail spritzt. Die Schale und je 1 Kirsche ins Glas geben und den Cocktail servieren.

TIPP

Wer keinen Bourbon zur Hand hat, kann auch eine andere fassgelagerte Spirituose verwenden wie eine alte Rum-Sorte, guten Cognac oder Tequila Añejo.

WEISSE SANGRIA MIT FEIGEN

Zubereitung ca. **10 Min.** | Kühlen ca. **4 Std.**

ZUTATEN

**Für 4 Gläser
(à ca. 300 ml Inhalt)**

1 Bio-Zitrone
1–2 Bio-Orangen
3–4 Zweige Minze
2 Äpfel
2 Zimtstangen
2 Sternanis
250 ml weißer Traubensaft
250 ml trockener Weißwein
4 EL spanischer Licor 43 (Cuarenta y Tres)
40 g Rohrohrzucker
2 Feigen
½ Granatapfel
400 ml spanischer Cava (oder trockener Sekt)

1. Zitrone und Orangen heiß waschen und trocken tupfen. Die Zitrone mit der Schale in Stücke schneiden und in eine Schüssel geben. 1 Orange halbieren, auspressen und den Saft mit in die Schüssel geben. Die andere Orange halbieren, quer dazu in dünne Scheiben schneiden und diese zugedeckt beiseitestellen.

2. Die Minze waschen und trocken schütteln. 1 Apfel schälen, vierteln, das Kerngehäuse entfernen und das Fruchtfleisch würfeln. Zu den Zitronen in die Schüssel geben. Zimtstangen, Sternanis und die Hälfte der Minze hinzufügen. Alles mit Saft, Wein und Likör vermischen und zugedeckt mindestens 4 Std. kalt stellen und ziehen lassen.

3. Den Zucker in eine flache Schale geben. Die Ränder der Cocktailgläser anfeuchten und in den Zucker tauchen. Etwas antrocknen lassen. Inzwischen den übrigen Apfel waschen, trocken tupfen, vierteln, das Kerngehäuse entfernen und in schmale Spalten schneiden. Die Feigen waschen und ebenfalls in Spalten schneiden. Die Kerne aus dem Granatapfel herauslösen.

4. Jeweils 1 TL Granatapfelkerne und 1–2 Feigenspalten in vier Cocktailgläser geben. Mit der Frucht-Sangria gut halbvoll auffüllen, die Gewürze dabei entfernen. Mit dem Cava aufgießen. Einige Apfel- und Orangenscheiben in die Gläser geben und mit der übrigen Minze garnieren.

GRANATAPFEL-LIMONADE

Zubereitung ca. **10 Min.**

ZUTATEN

Für 4 Gläser (à ca. 250 ml Inhalt)

1 großer Granatapfel
2 Limetten
4 Stiele Minze
4 EL Granatapfelsirup
500 ml Mineralwasser (nach Geschmack mit oder ohne Kohlensäure)
Eiswürfel (nach Belieben)
Strohhalme

1. Den Granatapfel halbieren. Aus einer Hälfte den Saft auspressen, aus der anderen Hälfte die Kerne herauslösen. Eine Limette heiß waschen, trocken reiben und in dünne Spalten schneiden. Die zweite Limette halbieren und den Saft auspressen. Die Minze waschen und trocken schütteln. Jeweils die Spitzen abbrechen und für die Deko beiseitelegen, die übrigen Blätter abzupfen.

2. Den Granatapfelsirup mit Granatapfelsaft, Granatapfelkernen, Limettensaft und abgezupften Minzeblättern in 4 Gläsern verteilen. 4 Limettenspalten für die Deko beiseitelegen, die übrigen Spalten ebenfalls in die Gläser geben.

3. Die Gläser etwa zu zwei Dritteln mit Mineralwasser auffüllen und alles mit einem Löffel verrühren, bis sich Granatapfelsirup und Granatapfelsaft gut im Wasser verteilt haben. Nach Belieben Eiswürfel hineingeben, diese eventuell zuvor in einem Gefrierbeutel mit einem Fleischklopfer zerstoßen. Die Limonaden mit Minzespitzen und übrigen Limettenspalten dekorieren. Mit Strohhalmen servieren.

TIPP

Der Inhalt von Granatäpfeln kann sehr unterschiedlich ausfallen – mal sind sie vollgepackt mit saftigen, tiefroten Kernen, mal enthalten sie nur wenige blassrote Kerne. Je schwerer der Granatapfel ist, desto ergiebiger ist meist die Ausbeute. Bei diesem Rezept kommt es auf die Saft- und Kernmenge nicht so genau an, optimal wären pro Getränk 30–50 ml Saft und ca. 1 EL Granatapfelkerne.

WÜRZIGER KÜRBIS-LATTE

Zubereitung ca. **10 Min.**

ZUTATEN

Für 4 Gläser (à ca. 250 ml Inhalt)

200 g Kürbisfruchtfleisch
400 ml Milch
4 EL Ahornsirup (oder flüssiger Honig)
2 TL Zimtpulver (plus etwas mehr zum Bestäuben)
1 Msp. Macispulver
1 TL Ingwerpulver
¼ TL Pimentpulver
1 kräftige Prise Anispulver
½ TL Vanillepulver
4 Tassen Espresso (à 50 ml)
4 EL steif geschlagene Sahne

1. Das Kürbisfruchtfleisch in kleine Stücke schneiden. Die Stücke mit 200 ml Wasser, der Hälfte der Milch, Ahornsirup, Zimt-, Macis-, Ingwer-, Piment-, Anis- und Vanillepulver in einem Topf aufkochen und zugedeckt bei schwacher Hitze in ca. 5 Min. weich köcheln.

2. Den Espresso zur Kürbismischung in den Topf geben und alles mit dem Stabmixer sehr fein pürieren. Die Latte-Mischung auf vier Gläser verteilen. Die übrige Milch mit einem Milchaufschäumer cremig aufschäumen. Den Milchschaum in die Gläser geben. Auf jeden Kürbis-Latte einen Klecks Sahne setzen und diese mit etwas Zimtpulver bestäuben.

TIPPS

- Wer Kürbispüree hat, z. B. vom Kochen einer Suppe, kann den Latte auch damit zubereiten. Dann das Püree einfach mit Sirup, Gewürzen und Milch im Topf verrühren, erhitzen und in die Gläser füllen.
- Für eine etwas leichtere Variante lassen Sie die Sahne weg und toppen den Latte nur mit Milchschaum.

REGISTER

G

H

K

L

BILDNACHWEIS

Christian Schönfeld: 6, 7, 9, 10–11, 28–29, 46–47, 70–71, 92–93, 132–133

shutterstock: 5 second Studio: 81; alisafarov: 65; Andreas Saldavs: 4, 13; AnjelikaGr: 25; Anna Shepulova: 67; ANNA WITKIEWICZ: 4; Anna_Pustynnikova: 4, 73; Antonina Vlasova: 4, 35; apolonia: 41; BBA Photography: 4, 15; Bochkarev Photography: 63; Brent Hofacker: 149; Civil: 117; Digivic: 119; Dream79: 95; Edith Frincu: 85; Elena Mayne: 4, 19, 91; Elena Shashkina: 53; Elena Veselova: 61, 151; Evgeny Karandaev: 147; Goskova Tatiana: 137; hlphoto: 77, 103; Ievgeniia Maslovska: 141; Ingrid Balabanova: 4, 55; Iryna Melnyk: 4, 131; istetiana: 123; its_al_dente: 4, 59; Iuliia Kochenkova: 17; Jukov studio: 153; Julia Sudnitskaya: 155; Karl Allgaeuer: 99, 109; Kati Finell: 89; Lapina Maria: 57; Liv friis-larsen: 145; Magdanatka: 105; Maria Shumova: 4, 107; MariaKovaleva: 4, 121; Maxim Khytra: 21; Narcis Virgiliu: 129; Nataliya Arzamasova: 4, 23, 33; Olga Markova: 111, 27; Olga Nayashkova: 115; Ostancov Vladislav: 143; Oxana Denezhkina: 127; photosimysia: 4; rainbow33: 45; Rimma Bondarenko: 4, 139; Robyn Mackenzie: 113; sarsmis: 37, 39, 69, 97; Sergey Chayko: 87; Slawomir Fajer: 101 Tanya_F: 4, 43; Tukhfatullina Anna: 79; vanillaechoes: 51; viennetta: 75; Vorontsova Anastasiia: 4, 83; Wiktory: 49; wong yu liang: 31; YuliiaHolovchenko: 125; ziashusha: 4, 135

Bibliografische Information der Deutschen Nationalbibliothek:
Die Deutsche Nationalbibliothek verzeichnet diese Publikation in der Deutschen Nationalbibliografie; detaillierte bibliografische Daten sind im Internet über http://d-nb.de abrufbar.

Für Fragen und Anregungen:
info@rivaverlag.de

Originalausgabe
1. Auflage 2018

Nymphenburger Straße 86
D-80636 München
Tel.: 089 651285-0
Fax: 089 652096

Autoren: Karin Kerber, Bärbel Schermer
Umschlaggestaltung: Maria Wittek
Umschlagabbildungen: Shutterstock.com: AnjelikeGr, its_al_dente, Rimma Bondarenko, 5 second Studio, Magdanatka, Antonina Vlasova
Redaktion, Satz und Projektbetreuung: bookwise GmbH, München
Druck: Firmengruppe APPL, aprinta Druck, Wemding
Printed in Germany

ISBN Print 978-3-7423-0493-3
ISBN E-Book (PDF) 978-3-95971-720-5
ISBN E-Book (EPUB, Mobi) 978-3-95971-721-2